JN310693

折口信夫と
古代を旅ゆく

芳賀日出男
写真・文

祖納の節祭・沖縄県

慶應義塾大学出版会

序

はじめに

折口信夫は「古代」を知ることに全生涯をかけてきた。折口の「古代」とは歴史年代の古代ではない。奈良朝以前の時代に生きていた万葉集の中の人びとの信仰や暮らしぶりが次の時代にも、現代までも伝承されている超時代的精神である。

「私の言う万葉びとなる語は、万葉集を通じて見られる古代人の内的生活―その推移と伝統・展開をこめて―を斥《さ》す」〔六・49〕とのべている。そこに日本人の心の原型を見定めようとしたのである。

現代の民俗にも古代の片鱗がある。毎年おこなわれている年中行事を、折口は「生活の古典」〔一七・177-178〕とよび、注目してきた。山村や海辺の民俗の旅と思索から、不朽の名著『古代研究』三巻を刊行した〔一、二、三〕。

写真は過去を写すことはできない。しかし、千年も昔の祈祷や祓《はらえ》の信仰行事は今も伝えられ、撮ることができる。折口の古代的要素への指摘が私を目ざめさせてくれた。

万葉の旅

折口信夫の人生の初旅は十四歳のとき、大阪の生家から奈良県の飛鳥へとはじまる。折口少年は祖父との縁の深かった飛鳥坐《あすかにいます》神社にあこがれて詣り、この日万葉の風土の空気を胸いっぱいに吸いこんだことであろう。

十五歳になると、父親から加藤千蔭の『萬葉集略解《りゃくげ》』を買ってもらって読んだ。三十歳の時に万葉集全巻を口述訳、三十三歳では『万葉集辞典』を刊行した。少、青年時代の折口は万葉集という古代に身も心もひたっていた。

沖縄への旅

大正十（一九二一）年に、折口は沖縄へ旅をした。海辺から照葉樹林の茂る集落の中へ入ると、折口を驚かせたのは天地根元宮造りの「神あしゃげ（拝所）」で、その中から白衣の祝女《のろ》や神人《かみんちゅ》が出て来た。まさに古代の巫女そのままである。村祭りに出会えば行列の先頭を白髭の長老が杖をついてくる。これこそ翁の姿だ。

大正十二（一九二三）年には石垣島へ渡った。盆行事の夜に、先祖の翁と媼の仮面をつけた者が訪れて来て、民家の家族に迎えられる。その後から顔をかくした群衆《くんじゅ》がぞろぞろとついてくる。折口はこの世のものとは思われない盆の夜の行列を「祖霊の群行《ぐんぎゃう》」〔一・29-31、一八・201〕とのべている。

さらに秋の収穫感謝の夜には、笠と蓑に身をつつんだ神の姿の若者が家々を巡り、神の言葉で祝福をのべる。「まれびと」の来ることを実感をもって知った。この現実を「直ちに古代の知識が迎えに来てしまった」〔一九・255〕と驚き語っている。

折口にとって、沖縄では本物の古代が眼前に現れたのである。

芸能史への展開

沖縄の旅の後、折口は大正十五（一九二六）年から、「三信遠《さんしんえん》」といわれる地方の長野県阿南町新野の雪祭、愛知県北設楽《きたしたら》の花祭、田峯の田楽、静岡県西浦《にしうれ》の田楽などを昭和十五（一九四〇）年までしばしば採訪している。

三信遠の祭りを通じて折口の解明したことは、沖縄のまれびとも巫女も翁も、三信遠では山の神になり、巫女や翁は芸能者として祭りに現れてくることだった。

折口の古代学はこれにより中世の芸能へと展開されていくことが論文「翁の発生」〔二・348―388〕に示されてある。

折口信夫及びその学統をつぐ研究者によって、日本の芸能史が確立されたのである。本書もその流れにそってまとめさせていただいた。

二〇〇九年八月　芳賀日出男

折口信夫　昭和27年（1952）4月　66歳　　撮影　西村亨

目次

秋の高山祭　神楽台・岐阜県

阿蘇御田植神幸祭の神輿・熊本県

II章

＊祭りの名称について
祭りの名称は、祭りができた時に付けられた正式なものと、長年にわたり人々に親しまれてきた間に付けられた通称もあります。また、主催者により名称が変わることもあります。本書に記載した祭りの名称は、写真を撮影した地で呼ばれている名称に従いました。

＊祭りの開催日、開催地について
祭りは年によって、開催期間、開催場所が変わったり、何らかの事由で中止されることがあります。祭りを見に行く場合は、必ず事前に主催者にご確認ください。

＊本文中に参考文献として『折口信夫全集』全32巻（一九七〇―一九八八年、中央公論社）を使用し、表記は、（例）［全集の二巻・8頁］を［二・8］のように簡略化して表記してあります。

＊折口信夫の年齢は「数え年」で表記してあります。

蒼柴垣神事《あおふしがきしんじ》の祭具・島根県

I 章

岸和田だんじりの金綱・大阪府

幻影の古都飛鳥、中ほどの杜に飛鳥坐神社がしずまる。折口信夫は14歳の初旅に詣でた。奈良県明日香村

1：飛鳥坐神社　延喜式内の古社。
2：飛鳥坐神社の境内にある折口信夫の歌碑。
3：桜井市高家の栢木家内にある折口信夫の歌碑

万葉集の古代へ

飛鳥坐《あすかにいます》神社に詣る

飛鳥への旅は明治三十三（一九〇〇）年夏のことで、大和への一泊旅行が許されて、飛鳥坐神社に詣った［二七・50］。それが折口信夫の初旅であった。

十四歳の折口少年は大阪湊町駅（現在の難波駅）から汽車に乗り、畝傍《うねび》駅で下車。飛鳥川に沿って飛鳥坐神社にたどりついた。憧れてきた事代主《ことしろぬし》神を祀る神社は「今では草のなかの野やしろになって、古神道のはてを思わせるように傾いていた」と自伝小説『口ぶえ』に記している［二七・55］。

折口の祖父は飛鳥の里の人で、この神社の社家の養子になり、後に折口家の入婿となった。

神社からお神符《ふだ》をいただくと、しばし参道の石段に腰をおろして目を閉じた。飛鳥の空に流れる大気を全身に吸いこんでいたのである。

後になって折口は歌人釋迢空《しゃくちょうくう》の筆名で、飛鳥坐神社の歌を作っている。

目の下に飛鳥の村の暮る、靄―。ますぐにさがる宮の石段《キダ》［二四・523］

飛鳥への旅は折口信夫にとって生涯を通じて心のふる里へとなっていった。

昭和六十一（一九八六）年、飛鳥坐神社の宮司飛鳥弘文は旧社務所の屋根裏から折口が明治四十一（一九〇八）年に送った手紙を発見した。宮司は近畿迢空会会長栢木喜一と手紙の内容を検討すると、飛鳥坐神社の祭神について、当時國學院の学生だった折口の考察したものであることがわかった。

栢木は桜井市高家《たいえ》に住み、歴代飛鳥びとの家柄。そして國學院大學では折口に師事する愛弟子であった。昭和十八（一九四三）年の結婚祝いに折口が贈った色紙の歌が栢木邸内に歌碑となって在りし日を伝えている（昭和五十三〈一九七七〉年建立）。

しづかなるひと日なりけりあくびつつたいへのやまに人ゐるらむか　迢空［三六・401］

古代の歴史を秘めている飛鳥の里稲淵あたり。奈良県明日香村

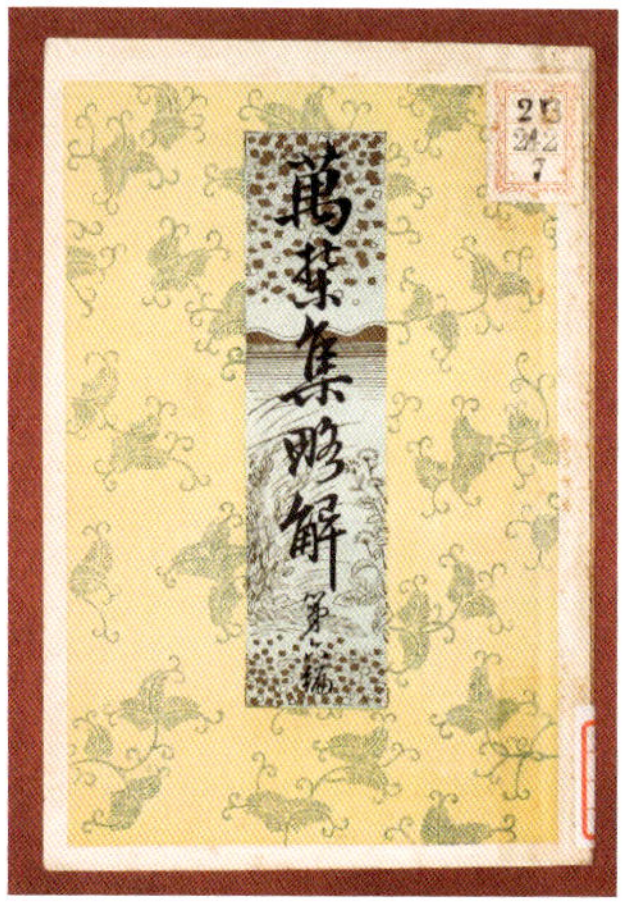

萬葉集略解《まんようしゅうりゃくげ》　加藤千蔭が寛政 12 年（1800）に著述、大阪市の図書出版株式会社が明治 26 年（1893）に活版本を発行。慶應義塾大学図書館蔵

万葉集を熟読する

折口少年は大和の飛鳥坐神社へ旅をした翌年の明治三十四（一九〇一）年、十五歳になった時父親から『萬葉集略解《りゃくげ》』を買ってもらった。「その時の嬉しさは忘れることができない」と、口訳万葉集の序文にのべている［九・7］。

この本は江戸末期の歌人加藤千蔭が萬葉集二十巻を注解し、明治以後も刊行されてきた。折口少年が読んだのは明治三十三年版である。

開巻はじめにある有名な雄略天皇の御製の「籠毛與。美籠母乳。布久思毛與……」が万葉仮名で書かれてある。折口は大正八（一九一九）年に「雄略御製とはあるが、実はかなり、問題である」とのべている。さらに「語部の物語の中に、始めは、天皇御一代記の一部の頌歌として織り込んで居たものが、何時か、天皇御自身の御製、と見られることになったのであろう」と、見解を記している［七・10－11］。

当時のこの鋭い見通しは、今日では「御製は仮託と推定」（木俣修著『万葉集時代と作品』）として、定説になってきている。

万葉びとの心

折口信夫は生涯国学を究める志で明治三十八（一九〇五）年國學院大學に入学。明治四十三（一九一〇）年に卒業した。

三十歳になった大正五（一九一六）年に万葉集全二十巻（四千五百十六首）の口語訳をはじめ、三ヵ月間で仕上げた［一〇・471、483］、［三四・73－78］。さらに大正八（一九一九）年には万葉辞典を刊行した。

彼は万葉集の歌人に限らず、飛鳥朝から奈良朝以前の人びとを「万葉びと」とよんでいる［六・49］。

歴史の年代にすれば五世紀から八世紀頃までで、その時代の人びとは、魂を強く意識して生きていることに注目した［一・209］。魂は人の死後は体からはなれていくが、消滅することはない。人の魂が神や精霊とふれあっているのは飛鳥という古代だけでなく、平安朝からさらに武士の時代になっても、いや現代に及んでも日本人の心の中から滅亡することがないことを折口は実感した。そこに古代から生きつないできた日本人の本質を見たのである。

十四歳からはじまった折口の旅は日本人の古代からの心を求めて生涯つづくことになる。

雄略天皇の宮跡

雄略天皇の宮都であった「泊瀬朝倉宮」は桜井市黒崎の白山神社あたりが想定されている。昭和四十七（一九七二）年に桜井市では神社の境内に「萬葉集発耀讃仰」の記念碑を建立した。

境内には「籠毛興美籠母乳……」の歌碑もある。

左：「萬葉集発耀讃仰」の記念碑（保田興重郎書）白山神社境内にあり、雄略天皇の宮都のあたりと想定されている。奈良県桜井市

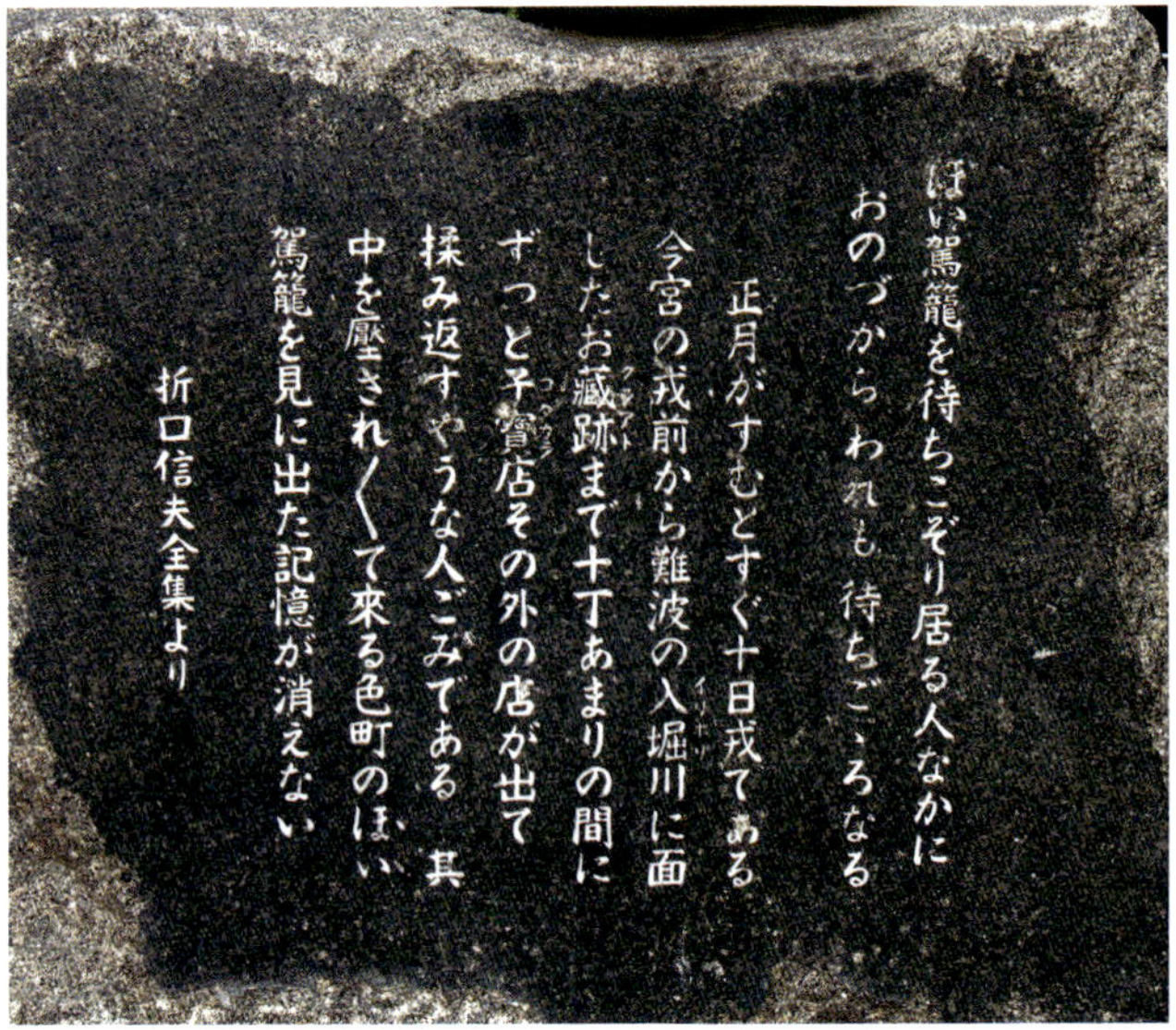

左：生誕の地の碑文［三三・324］ 右：折口信夫生誕地の碑 鷗町公園内にある。

生誕の地

折口信夫は明治二十（一八八七）年に大阪府西成郡木津村という場末の町家に生まれた。家業は代々医院と生薬屋をかねて、折口の長兄が医者の跡を継いだ。家のまわりは朝夕野菜を積んだ舟が濁った川を上り下りするかまびすしい市場筋であった。

その場所は戦災と戦後の区画整理で現在は何ひとつ残っていないが、浪速区敷津西一丁目にある浪速図書館あたりと思われる。すぐそばに鷗町公園があり、西北の一隅に「折口信夫生誕の地」の石碑が建っている（巻末地図参照）。

折口家は二階建で、正面玄関の東側が雑貨の小店、玄関西側が生薬店、その西が医院の玄関、中に入ると患者待合室、その奥が診察室だった。二階は、生薬の物置部屋で、そこに折口少年の机が置かれてあった。小説『口ぶえ』［二七・45］による。

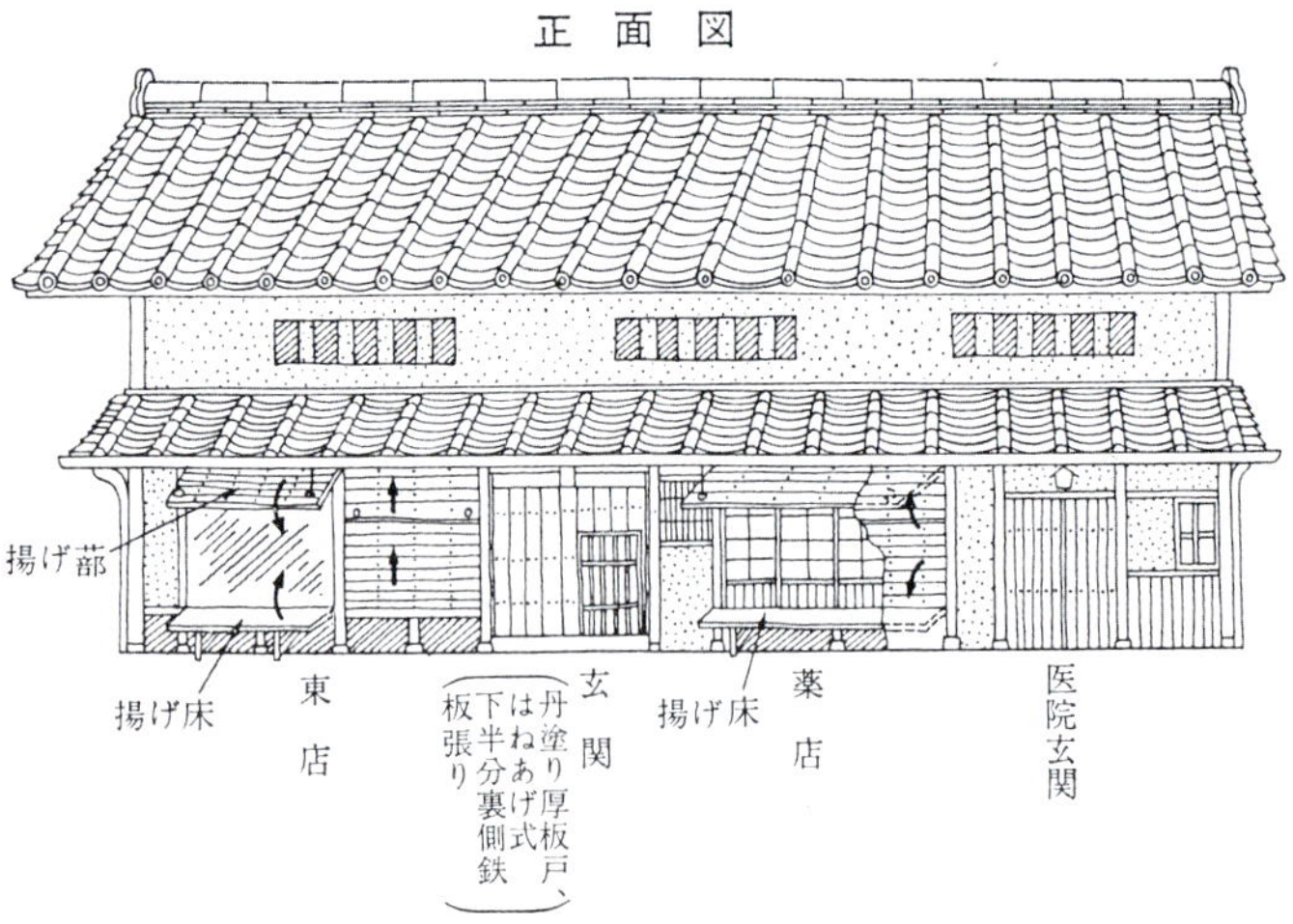

大阪市浪速区鷗町１丁目 67 番地にあった折口信夫の生家正面図。
（『若き折口信夫』中村浩著 中央公論社刊より転載）

1：正月十日におこなわれる今宮戎神社のにぎわい。
2：祭りの日にかつがれてくる色町のほい駕籠《かご》。大阪市浪速区
3：商売繁盛の恵比寿神はじめ縁起物がならぶ十日戎の露店。

今宮戎神社の十日戎

彼の生家は消失したが、近くの今宮戎《いまみやえびす》神社では今も正月十日に「商売繁盛で笹持ってこい」と景気のいい掛け声がひびき、福笹に縁起物をつけてもらう参拝者でにぎわう。また花街からは芸妓衆をのせたほい駕籠《かご》が入りこみ、この日ばかりは往年の祭りの雰囲気を伝えている〔二三・334〕。

小学生になると折口はよく一里（約四キロ）もはなれた薬問屋へ使いに出された。その駄賃で帰り道には道頓堀や千日前の芝居小屋によったり文楽の人形芝居を見ることをおぼえたという〔二二・41〕。

「大阪にはか」〔二二・322〕は七、八年も見続け、「中の芝居（中座）のことなら、舞台から客席へ亘って居る天井裏から、奈落の暗がりの事まで知っている」〔二二・323〕と書いている。また、「幕がしまると、猪之さんと私が、ばらばらと花道へ飛んで出て、今這入ったばかりの役者のまねをして、六方を踏んであるいた」〔二二・323〕と思い出を「芝居の話」の中に記している。恐るべき芝居通の子どもの時代があったのである。

なお、年譜には数え年四歳の時、「百人一首をことごとく暗誦」し、父からは芭蕉の俳句を教えられたことが記されてある〔三六・33〕。

1：四天王寺　推古2年（593）に聖徳太子が建立した最古の寺院。五重の塔、金堂、講堂の建物が一線に並ぶ伽藍配置。大阪市天王寺区

2：石の鳥居（国宝）　西門に建っている。

3：鳥居の額　「極楽の東門の中心にあたる」と金文字で記されてある。

四天王寺と俊徳丸

大阪の折口家の跡あたりから東へ二キロ行ったところが夕陽丘になる。飛鳥時代に聖徳太子がこの丘の上に四天王寺を建てた。当時は灘波津の入江に入る渡来船から崖の上に建つ四天王寺の五重の塔や朱塗りの柱が見えたそうだ。中学生になった折口は毎日夕陽丘の坂を登り、四天王寺の西門の前を通って大阪府立五中（後の天王寺中学）へと通った。

四天王寺の西門には石の鳥居が立っている。永仁二（一二九四）年建造で、今では国宝である。その偏額に「お釈迦様から見れば、極楽の東門のまん中になる」と読める金文字がかかげてある。

春と秋の彼岸の中日には、西門の真中に日輪が輝きながら沈んでいく。仏教ではこの時の陽光を眺め、ひたすら極楽浄土に想いをいたす修行を「日想観《にっそうかん》」と教えている［三一・22、29－31］。

それで彼岸のこの時刻には、今でも多くの大阪市民が四天王寺に群衆《くんじゅ》し西門の真中の太陽の光を全身に浴びて拝む。折口も子どもの時からいくたびも「日想観」の現象を見たり、聞いていたであろう。後年になって小説『死者の書』を書いた時、二上山の落日の中に日想観の信仰を取り入れている［二七・177－178］。

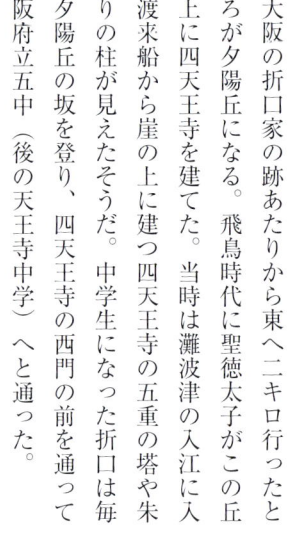

春と秋の彼岸の中日に四天王寺の西門のまん中に太陽が輝いて沈んでいく。その光を浴びて西方の極楽を想う「日想観」という信仰が生まれた。大阪市天王寺区

1：聖霊会舞楽　4月22日は聖徳太子の命日。四天王寺では聖徳太子に捧げる舞楽がおこなわれ、石舞台は極楽のような美しさ。大阪市天王寺区

2：菩薩を先頭に獅子舞に童《わらわ》舞の少年たちが行列してくる。

3：胡蝶の舞の稚児、天冠をいただき五色の翼を背負い、山吹の花枝を右手に持って舞いめぐる。俊徳丸はこの役をした。

四天王寺舞楽と俊徳丸

大阪の四天王寺は約千四百年前（推古元年五九三）に聖徳太子によって建造された。それで、太子の命日にあたる四月二十二日に「聖霊会」という太子を偲ぶ祭りをおこなう。六時堂に太子像を祀り、その前の石舞台で舞楽を奉納する。

舞楽は「振鉾《えんぶ》」という儀式舞から始まる。七番目あたりに稚児舞の「迦陵頻《かりょうびん》」となる。つづいて、「胡蝶」の舞にうつる。河内地方の伝説や物語では、高安《たかやす》長者の長子、俊徳丸《しゅんとくまる》が胡蝶舞の役に選ばれた。祭りの日に舞っている時手に持っている扇のすき間から客席にいる蔭山長者の乙姫を見そめて恋に落ちる。

その後俊徳丸は継母に呪われ、家を追いだされ不治の病になり、目も見えなくなる。四天王寺の境内で物乞いをする身になったが、蔭山長者の乙姫に再び見出された。二人は菩薩に一心に祈ったおかげで病はいえ、乙姫と結ばれて幸福に過ごしたという。

折口は幼い子どもの時、高安の里から来ている乳母の寝物語に「俊徳丸」を聞いた。後になってその頃を追慕し歌を詠んでいる。

4：大阪詠物集のうち「舎利寺」　猪飼野小路にある西俊徳地蔵堂。大阪市生野区
5：東大阪市にある近鉄俊徳道駅のガード、その下を俊徳街道が通っている。東大阪市
6：御勝山公園の歌碑　折口が少年の日に彷徨ったあたりの御勝山公園にある。昭和57年（1982）建立。大阪市生野区

たかやすのしゅんとくまるのものがたりき、たくおもへどうばはなきひと ［二五・249］

俊徳丸の物語は能では「弱法師《よろぼし》」（観世元雅作）となり、乞食になった俊徳丸は彼岸の中日に四天王寺西門に落ちる太陽の光を浴びて病気が治る。つまりは「日想観」の信仰の力により四天王寺に来ていた父親の高安の長者に見出されて無事高安の里へ帰る物語である［二・290］、［二七・97］。

浄瑠璃では「攝州合邦辻《せっしゅうがっぽうがつじ》」（菅専助、若竹笛躬作）と題し、俊徳丸と継母玉手御前を中心にした物語になっている。その合邦辻の閻魔堂《えんまどう》は四天王寺の坂の下にあり、折口は幼い頃からその前を通っていた［二四・303］。四天王寺界隈は子どもの頃から見聞きしてきた芝居の世界だったのである［三三・350－365］。

俊徳道を歩む

高安の里（現在の八尾市山畑《やまたけ》）から四天王寺まで俊徳丸の舞楽修業のために父親が作ったという伝説の道を、今もたどってみる人たちがいる。

それは逆コースで四天王寺正門の南大門から出発して、東に進む。生野区の御勝山古墳公園に出ると、公園の南側に折口の大阪詠物集に掲載の歌碑が銅版ではめこまれてある。

小橋過《おばせ》ぎ鶴橋生野来る道は古道と思ふ見覚えのなき ［二四・304－305］

御勝山北側の古墳公園横から東へせまい猪飼野小路に入る。このあたりから俊徳道らしく、細い道をたどってゆくと「西俊徳地蔵」とか、「東俊徳地蔵」と書いた地蔵堂がある。俊徳橋を渡り、東大阪市に入る。近鉄大阪線の「俊徳道」という駅があり、町名も俊徳町となる。その俊徳道駅から電車に乗り、生駒山麓の服部川駅で下車、この山手の山畑《やまたけ》というところに「俊徳丸鏡塚古墳」という標柱が立ち俊徳丸の発祥地とされている。背面の高安山には平成十一（一九九九）年に高安城の城壁跡が発見され、俊徳道をそこまでたどる人も出てきた。

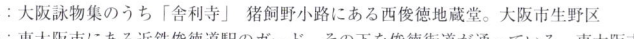

1

2

3

夕陽丘の中学校

五重の塔のそびえる四天王寺の丘にある中学校、天王寺中学（もとは大阪府立五中）へ折口は明治三十二（一八九九）年から三十八（一九〇五）年まで在学した。この中学校で折口はすばらしい同級生と机をならべて国文学にいそしむことができた。そのことについては折口の中学、國學院大學の後輩である中村浩（一九二〇―一九八六）著『若き折口信夫』（中央公論社、昭和四十七〈一九七二〉年刊）にくわしくのべられてある。

天王寺中学校の場所は大阪外国語大学校に変わり、現在は国際文化センターとなっている。建物もすっかり新しくなり、西側の上汐公園の木立からあたりの面影をしのぶばかりである。だが、折口が登下校していた夕陽丘の中世から近世にかけての遺跡は国文学の宝庫といえるほどよく残っている。

まず、「新古今和歌集」の編者だった藤原家隆（一一五八―一二三七）の五輪塔の塚がある。折口は学校の帰り道によく立ち寄り「小高い塚の上に、五輪の塔が午後の日をあびて居た」［二七・17］と書いている。家隆は七十八歳で死期を悟り、この丘に庵を作って夕陽を拝み、「ちぎりあればなにはのうらにうつりきてなみのゆふひををがみぬるかな」と詠んだ。夕陽丘という名も家隆のこの歌からきている。翌年の嘉禎三（一二三七）年静かに合掌して入滅していった。折口は万葉集を読む以前にこの種の古典和歌の知識に親しんでいたことがわかる。

夕陽丘の北端に生国魂《いくくにたま》神社がある。この境内に近松門左衛門が浄瑠璃神社の神様として祀られ、神名は「端垣能久為蘇《みずかきのくえそ》神」となっている。また同じ境内に井原西鶴の坐った銅像がある。西鶴は生国魂神社の境内をよく散策し、「矢数《やかず》俳句」の集まりをした。この境内の南坊で延宝八（一六八〇）年に一昼夜で四千句を作ったと像の碑文にある。

夕陽丘は寺町で、丘を下ると青蓮寺には脚本家の竹田出雲、円成院（遊行寺）には浄瑠璃小屋の二代目植村文楽軒の碑が建っている。大阪で病没した俳人松尾芭蕉の墓と絶筆の句「旅に病んで夢は枯野をかけ廻る」の句碑もあるが、ともに表面の剥落がはげしく文字は全く読めない。

　天王寺中学で過ごした中学生は皆こんな江戸時代の文学の環境にいた。京都の宮廷文化とも飛鳥の万葉びととの境地とも異なり、民衆の生活あふれる国文学や芸能を折口はじめどの子も幼いうちからごく自然に摂取しつづけて育ってきた地域である。

1：夕陽丘の天王寺中学校跡、現在は国際文化センターの建物になっている。大阪市天王寺区
2：愛染かつらがまといつく楠の古木　夕陽丘の勝鬘院にある。折口はこの寺の前を通って中学校へ通った。大阪市天王寺区
3：藤原家隆の五輪塔の塚　少年時代の折口は「新古今和歌集」の撰者だった家隆をしたってよく立ち寄った。大阪市天王寺区
4：浄瑠璃神社　生国魂神社境内にあり、近松門左衛門、竹本義太夫、豊沢団平を祭神として祀っている。大阪市天王寺区
5：井原西鶴の銅像　生国魂神社の境内にある、この境内で西鶴は一昼夜に４千句を作った。大阪市天王寺区
6：竹田出雲の墓　夕陽丘を下りると寺町で、青蓮寺にある。
7：松尾芭蕉の墓　遊行寺に絶筆「旅に病んで夢は枯野をかけ廻る」の句碑とともにある。大阪市天王寺区

夕陽丘の口縄坂、折口が中学校への往復に登り下りした石畳の坂道、昔に変わらず残っている。大阪市天王寺区

髯籠《ひげこ》の話 ［三・176―202］

髯籠

折口少年は明治三十六（一九〇三）年、十七歳の夏休みに二人の友人と大和、河内の二泊旅行に出かけた。三日目には葛城山を越えて家に帰るはずだった。ところが道をまちがえたのだろう。山村を下りてたどりついたところは、和歌山県紀の川市の西国三十三ヵ所中第三番目の札所粉河寺の裏門であった。御堂を拝して表門を出ると、昨日の粉河産土《こかわうぶすな》神社の夏祭りに使った出車《だんじり》に、篠竹で作った大きな髯籠《ひげこ》を付けたまま据えてあった。その長い髯が地上までなびいているのを見た［三・176］。折口少年は祭りの髯籠は何のためにあるのかと土地の人に聞く。「出車につけた飾りですよ」と気軽にいった。

出車に柱を立て、そこから四方八方に垂れさがっている髯籠を眺めている折口少年は、「避雷針のなかった時代に、雷神が天から降りてくる時の案内印ではないか」と思った。また「太陽とその後光ではないか」とも考えた。神が祭りの日に青空から降りてくる目標のようにも見えた。その時ぱっと頭にひらめいた。わが郷里の大阪の木津では、夏祭りの屋台に、「だいがく」という柱を立てる。柱の先端には三日月、鉾、神楽鈴などをつける。その下に開いた大小二つの赤い笠を重ねてさし、それを「ひげこ」とよんでいることだった［三・181］。この笠の骨と粉河の夏祭りの出車の飾りは祭りの日に神が降りてくる目印かもしれない、似ていると思った。折口は後にこの時のインスピレーションで得た物事の共

髯籠《ひげこ》　和歌山県紀の川市粉河祭（7月最終土、日曜）に出る「灯明台」とよばれる出車《だんじり》。まわりを竹製の編み残した髯籠のはしでかこむ。和歌山県紀の川市粉河産土《こかわうぶすな》神社の出車

通する形や現象を捉える力を「類化性能」となづけている［三・470］。

それから十二年後の大正四（一九一五）年になって、折口は「髯籠の話」［二・176－202］というエッセイを書き、柳田国男が編集する民俗学研究の月刊誌「郷土研究」に発表した。髯籠というのは単なる祭りの飾り物ではなく、祭りの日に神が空から地上に降りてくるための目印で、折口は神の「依代《よりしろ》」とよび、祭りはこれなくては神を招くことができないものだとのべている。そして、全国各地の依代を数多く紹介している。この論文により、折口の民俗研究ははじめて柳田国男の注目するところとなった。

折口の郷里の木津の祭りの日の「だいがく」は今日では失われてしまった。西成区玉出の生根《いくね》神社の祭りには木津にそっくり同じだいがくが夏祭りに組み立てられる。柱に大小の笠を重ねてさした形のものである［二・225－231］。毎年七月二十四、二十五日が祭りの日で、夕方立った柱に百箇ほどの提灯《ちょうちん》の灯がともり、柱の根元から祭り太鼓がひびいてくる。

右：生根《いくね》神社のだいがく　7月24、25日の夏祭りに出る「だいがく」という山車に立てる櫓。頂上に髯籠《ひげこ》とよばれる赤い傘を二段につけ、その下に提灯を吊す。大阪市西成区

上：夕方を迎え、灯をともした生根神社の「だいがく」。柱の根元で祭り囃子の太鼓を打つ。

1

2

3

4

5

依代《よりしろ》

「依代」とは祭りの時に神が降臨するための装置といえよう。柱を立て、その先端に祭りに縁のあるものを付けるのである。神はそれを目印にして祭場へ現れるとされている。依代は折口信夫によって作られた言葉で、和歌山県粉河の夏祭りの山車から得た発想である。祭りをする人の立場からいえば神を招くための仕掛けなので「招代《おぎしろ》」という。折口は大正四（一九一五）年発表の論文「髯籠の話」の中で、「依代」「招代」のほかに柱や樹を立てる場所の「標山《しめやま》」という三つの新しい言葉を使った。それが今日の民俗学ではよく使われ、急速に拡がり定着していった〔二・176－202、203－217、225－245〕。

折口は依代について多くの事例をあげている。

依代にはどんなものがあるのだろうか。

①ひげこ　正月に太陽に似たものを竿の先に付け、年神を招く目印にしている。折口が和歌山県粉河の夏祭りで見た「髯籠」の原型である〔二・183〕。熊本県八代市

②目籠《めかご》　二月八日、また十二月八日の「事《こと》八日」におこなう行事。目籠を竿の先に付けて立て、そのたくさんの籠の目で一つ目の妖怪の来るのを防ぐ〔二・185〕。山梨県南都留郡忍野村

③天道花《てんとうばな》　四月八日に竿の先にツツジ、シャクナゲ、ウツギなどの春咲く花を付け庭先に立てる。美しい花に目をとめられた田の神が降臨してきて、仕事を始める日とし、「卯月八日」ともいう〔二・186〕〔三六・388〕。兵庫県加西市

④山笠に立てたバレン　川渡り神幸祭の日山笠に目籠を付けその先端に依代の御幣を立てる。風治八幡宮五月第三土日曜日〔二・203－217〕。福岡県田川市

⑤諏訪大社の御柱祭の柱　社殿の四隅に四本立て、柱の頂上に幣束をさして、神の依代とする。長野県下の上社下社、春宮秋宮の各社が共同で申、寅年の四、五月におこなう〔三・397〕〔二〇・85〕。長野県諏訪市、諏訪郡下諏訪町

⑥向笠《むかさ》春の神事《じんじ》の御幣　春を迎えて田の神の依代の御幣を祭りの行列が神社に納める。福井県三方上

6

7

8

9

中郡若狭町四月三日

⑦ほいのぼり　日枝神社の春祭りに花傘の形のほいのぼりをすえ、その先端に御幣を立てて神の依代にする。親族がほいのぼりの下に集まり共同飲食をする。滋賀県蒲生郡日野町四月四日

⑧木幡の幡祭り　白旗、色旗を神社に奉納し、五穀豊穣、養蚕安全を祈る。福島県二本松市十二月第一日曜日

⑨端午の節句の鯉幟り　竿に厄除けの目籠を付け、その先端に榊の葉を付け、元気よく空中を泳ぐ鯉をあげて依代にする。熊本県天草市五月五日〔二七・240〕

⑩吹貫き、吹流し、「まとい」から変化してできた。船につけ、海上の風の吹く方向を知るのに使う。船祭りの時の依代にもなる。島根県松江市「ホーラエンヤ」十二年目ごと五月〔二・222〕

依代には樹木、岩石、宝石、貝、野獣の牙などがあるが、樹木が圧倒的に多い。祭場に神の注目を得るために柱として立てるからである。それ以前のはるか古代では海辺では常世の神の漂泊地にたぶの木〔三・483〕、山地では榊、椿の木が依代になっていた、と折口は推測している〔三・484〕。いずれも、東アジア大陸につながる照葉樹であることに注目したい。「依代」は折口によって作られた新語であるが、現在では「広辞苑」にも掲載され、「神霊が招き寄せられて乗り移るもの。樹木・岩石・人形などの有機物で、これを神霊の代わりとして祭る」と記されてある。

10

玉前《たまさき》神社上総十二社祭り（9月13日）「命婦《みょうぶ》」とよばれるよりましの童女が神社から釣が崎のお旅所へ駈馬で九十九里浜を疾走する。千葉県一宮町

よりまし

祭りの日に神の代理をしたり、神がのりうつったりする神聖な子を古代から「よりまし」とよんでいる［三・237］。「よりまし」には、汚れた土をふませないところが多い。それで大人の肩車や輿、馬の背に乗せて祭場にあらわれる。

折口は全国にある子どもの「よりまし」の実例から、「神に近い、清い生活をしてゐると考えられてゐる神子《みこ》か、さなくば童男童女に神憑《かみよ》りの役を勤めさせるので、此場合、これをよりましと称えている」とのべている［三・237］。

1：大和《おおやまと》神社ちゃんちゃん祭（4月1日）お旅所でよりましの「頭人児《とうにんご》」を正座にすえて祭る。奈良県天理市

2：鹿島神宮祭頭祭（3月9日）4～5歳の男の子を「大総督」とよび、よりましにして、肩車に乗せて巡る。茨城県鹿嶋市

3：曽根天満宮秋祭り（10月13、14日）幼童が山鳥の尾羽を立てた花笠をかぶり、額に八の字を書いて「ひとつもの」とよばれ、祭場に現れる。兵庫県高砂市

4：津島神社の参候祭《さんぞろ》（11月第2土曜日）よりましの稚児が連台に乗り、津島神社へ渡御する。愛知県設楽町

5：登知為《とちい》神社の祭り（5月5日）小学6年生の男の子が花笠をかぶってよりましの役につく。「花山権現」と叫びながら町内をめぐり厄払いをする。福井県福井市

6：御宝殿熊野神社祭礼（8月1日）「勅使童児」というよりましの男の子に神がつくと馬上で眠りはじめる。福島県いわき市

伊勢・熊野の旅

大王崎に立つ

折口信夫は二十六歳の大正元（一九一二）年八月、大阪今宮中学の生徒二人を連れて伊勢、熊野の旅に出た。伊勢の皇大神宮に詣でた後、安乗を経て大王崎の突端に立った。そこで黒潮が夏の日に輝く大海原を眺望した。五年後になって、その時の感動を記している。

「真昼の海に突き出た大王个崎の先端に立った時、私はその波路の果てに、わが魂のふるさとがあるのではなかろうか、という心地が募って来て堪へられなかった」［二〇・13］。

さらに四年後の大正九（一九二〇）年の論文には「波の穂を踏んで渡られた妣《はは》が国は、われわれの祖《おや》たちの恋慕した魂のふる郷であったのであろう」と記す［二・15］。

妣《はは》が国とは母方の祖先から引きついで来た古代の母権社会をさしているのだろう。さらに常世という「限りなき海の幸を供給する」神の住む国のあることを想念した［二〇・15］。

山中を彷徨する

大王崎から折口たちは海岸各地を経て船便で引本に着いたと思われる。一泊後、大台原を目指して山中に入る。花抜峠に登ったあたりから山道に迷いだし、その夜も翌日も絶食して山林の作業小屋に泊まり、三日目に中里の村に下ることができた。それか

大王岬　波路のはるか果てまで光みつ伊勢の海。三重県志摩市

ら尾鷲に出て、大阪へ帰ったのである。

その中里（現在は北牟婁郡紀北町）の海山《みやま》郷土資料館の前庭に折口の歌碑が建っている。

苦難の旅であったが折口には忘れることのできない「妣が国、常世」を心に刻み、また「安乗帳」一七七首の短歌を作り、歌人釋迢空《しゃくちょうくう》としての出発になった。

1：安乗の漁港　折口はこの港から便船に乗り伊勢、熊野への旅に出た。三重県志摩市

2：花抜峠　折口は引本港で便船を降り、大台原の花抜峠に登り、山中を２日間さまよってすごした。三重県紀北町

3：海山郷土資料館前庭の歌碑　３日目に中里に着いた。海山郷土資料館前庭には折口の歌碑が平成２年（1990）に建った。いずれも「安乗帳」に掲載されている３首である。三重県紀北町

山めぐり二日人見ずあるくまの蟻の穴にも見入りつゝなく

浪ゆたにあそべり牟婁の磯に来てたゆたふ命しばしやすらふ

北牟婁の奥の小村にわく水のかなしき記憶来る午後かな

釋迢空

ほうっとする程長い白浜、折口信夫は大正 10 年（1921）7 月初めての沖縄の旅で、国頭村奥間のこの海辺を歩いた。

沖縄の旅

古代が迎えにくる

「ほうっとする程長い白浜の先は、また目も届かぬ海が揺れている。其波の青色の末が自《オノ》づと伸し上がる様になって、頭の上まで拡がって来てゐる空だ」〔二・111若水の話〕、〔二・389祭りの発生その二〕。

折口信夫は大正十（一九二一）年七月から八月にかけて約四十日間沖縄本島を巡った。北は国頭《くにがみ》村から南は喜屋武《きやん》岬まで約二〇〇キロ。大宜味村から国頭村にかけては浜づたいに歩いた。その時国頭村奥間で出会った原風景である。浜辺を歩きながら折口は村の中へと入って行く。どこの村にも御嶽《うたき》、拝所《うがんじょ》といわれる聖地があり、祝女《のろ》とよばれる女性の祭司者が村人の暮らしを管理して信仰が活きている。琉球王朝時代には王の姉妹が最高の巫女「聞得大君《きこえおおきみ》」という役につき、全島の祝女を統率していた。

祝女たちは村ごとにある「神あしゃげ」とよばれる萱葺きの小屋の中で祭礼をおこなっていた。神あしゃげを見た折口は切妻屋根が地表までふきおろした建物の形から「天地根元宮造りの掘立て合掌式の、地上に屋根篷《とま》の垂れたのから一歩進めたもの」とのべ、古式の祭祀建物に関心を示した〔二・65〕。

折口はその後も二回の沖縄旅行をおこない、後日体験を次のように語っている。

「直ちに古代の知識が迎えに来てしまった、古代研究やら現代観察やら訣らなくなることが多かった」〔二九・255〕。また「琉球諸島―現在の生活―殊に内部―には万葉人の生活を、その儘見る事も出来る」そして「古代生活の研究に、暗示と言ふより、其儘むき出しにしてくれる事すら度々あった」〔三・37〕とものべている。万葉びとの境地を彷徨っている気分になったのであろう。

神の島の巫女の祭り、沖縄県南城市久高島。

石垣島　沖縄県石垣市の川平湾にのぞんだ川平集落。

折口信夫の沖縄の旅

第一回—大正十（一九二一）年七月十六日那覇着。約一ヵ月間滞在し、本島、久高島、津堅島を巡る。「おもろ双紙」を読み、各地で巫女の祝女《のろ》に会う。八月末帰路長崎県壱岐島に寄る。

第二回—大正十二（一九二三）年七月十八日出発、本島から宮古島を経て石垣島に渡る。来訪神、盆あんがまについて調査。九月四日に関東大震災直後の東京に帰着する。

第三回—昭和十（一九三五）年十二月二十日那覇着。藤井春洋を伴って渡島。沖縄各地で講演。伊平屋島、伊是名島に渡り、琉球国王の出自について調査。一月二十三日空路にて那覇発、東京に帰着する。

まれびとへの発想

折口信夫の第二回目の沖縄への旅は大正十二（一九二三）年七月二十三日から八月末までの滞在であった。本島から宮古島に一時立ち寄って八重山群島にむかう。その後の約十日間は石垣島に滞在して、来訪神の行事を聞き取り、実際にも見学し、「まれびと」の発想を得た。

折口の「まれびと」とは、「楽土から船で渡ってきて、蒲葵《くば》笠に顔を隠し、蓑を着、杖をついて、家々を訪れて今年の豊作関係のこと、その他家人の心を引き立てる様な詞を陳べて廻る。つまり、祝言を唱えるのである」とのべている行事である〔二・35〕。

八重山群島の中ではその「まれびと」を「まやの神」と呼んでいた。「まや」とは幸いを意味する言葉である。そのひとつの、現在石垣市川平《かびら》地区に伝わる来訪神の祭り「まゆんがなし」は現在も続けられている。

祭りの期日は当時と同じ旧暦八月から九月までの間の戊戌《つちのえいぬ》の日が「節《しち》」と呼ぶ祭日である。石垣島では一年のうちの前期の農耕が終わり、後期の農耕に入る折り目の日になっている。

夕方、来訪神になるための笠や衣装をつけた戌《いぬ》年の若者たち八人が祭りの大元の家に集まる。そこで白股引に黒衣をまとい草履を履く。手ぬぐいで顔を隠して蒲葵の笠をかぶる。蒲葵の葉で作った蓑を後ろ前逆にして着る。阿檀の葉で編んだかごを腰にさげ、六尺棒の杖を持つ。用意してあった聖水で口をすすぐとまゆんがなしの神に変身したことになり、以後人間の言葉を使わなくなる。ムトウ（元）とトム（供）の二人が一組になって、来訪神として地区内を巡りだす。

二人が家の門の前に立つ。その家のあるじの役の主人が縁側でまゆんがなしを出迎えると、ムトウだけが門の中に入り、雨戸を開けはなしてある客間の縁側の前に杖を突き立てて立つ。

それから聞きとれないほどの低い声で神の言葉の「神口《かんふつ》」の語りがはじまる。農作物の豊作と家人の健康、それに家畜の繁殖を予祝する。迎える家の主人は正面に正座してかしこまって神の言葉を聞く。最後にまゆんがなしは翌年の繁栄を約束する。ここで主人は二人のまゆんがなしを座敷に招きあげ、酒や御馳走を出してもてなす。主人のお礼の言葉に対しても、まゆんがなしは一切人語を口にせず、唸り声を出すだけである。家の去りぎわにまゆんがなしは棒の舞をおこなって、次の家へと向かっていく。

夜明け前にまゆんがなし一同は大元の家に帰着し、盃事をして神装を解き、人身にもどる。

なるほど、今日でも折口が八十五年も前に聞いた通りに、蓑笠姿の訪れ神になりきった若者と、おののきながら迎える家の主人との間に厳粛に神事がおこなわれているのだ。そのほか八重山群島には「黒また」「赤また」とよばれる来訪神の行事もある。

1

2

3

1：蒲葵笠をかぶり、蒲葵の蓑を着て、顔を手拭いでかくし、六尺棒の杖を持った「まゆんがなし」。神の姿になって家々を巡る。沖縄県石垣市

2：座敷前の軒下で、神口《かんふつ》(神が人に伝える言葉)を唱える「まゆんがなし」、家の主人に農作物の栽培の内容を40分間ほど低い神の言葉でのべる。

3：神口が終わると、主人は「まゆんがなし」を座敷にあげ、酒や御馳走を出してもてなす。「まゆんがなし」は一言も人語を発しない。

波上宮の歌碑

那覇市波上宮の境内に歌碑が建ったのは昭和五十八（一九八三）年九月。國學院大學での教え子だった歌人嶋袋全幸が昭和十一年（一九三六）来訪の折に書き与えられた作品である。波上宮はかつての琉球王の鎮守社であった神社で、断崖の上から沖縄の海を見渡している［二四・500］。

なはのえにはらめきすぐるゆふだちはさびしき船をまねくぬらしぬ　迢空

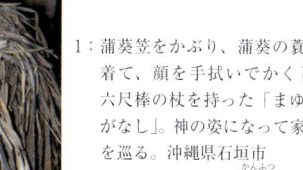

3

2

1

盆あんがまの夜

大正十二（一九二三）年八月二十五日は旧暦七月十四日にあたり、沖縄では盆の中日だった。石垣島の登野城《とのしろ》の通りは夜になると盆あんがまの行列でにぎわっていた。折口は幸いにも一夜の調査をすることができた。

翁の仮面をつけたウシュマイと媼の仮面をつけたンミィを先頭に、男女の区別もわからないあんがまたちが楽器の三線にあわせて練り歩き、先祖祭りをおこなっている家に上がりこむ。

翁と媼は先祖の位牌を拝むことによってあの世から訪れてきた先祖様と見なされる。二人は報恩の無蔵念仏を唱えて踊りだす。

「ナムアムブトキ、アミダブトキ、親《うや》ぬ御恩《うぐぬ》は深きもの、父御《ちちぐ》ぬ御恩は山高き、母御《ははぐ》の御恩は海深き。山の高さやさばかりん、海の深さんさばかりる……」と亡くなった父母の恩を追慕して座敷の中を踊りめぐる。この場合の親とは先祖の意味をふくんでおり、家人はほんとうに先祖様が帰ってこられたような心境になる。

大勢のあんがま見物の町人が庭先いっぱいに押しかけてくる。無蔵念仏の踊りが終わると、見物人たちは二人の先祖様に問いかける。「あの世には葬式があるのか」「あの世からは飛行機に乗って来たのか」などの珍問にあたりはいっぺんに楽しくなる。ウシュマイもンミィもこの世の者ではないので、裏声をもって答える。家族はその光景を静かに見守っている。おそらく折口の時代も同じであったろう。この盆の時のあんがまの夜は、あの世とこの世が通じあうのである。

三線鉦笛に小太鼓がにぎやかに鳴りだして、島の民謡が歌われ踊りがはじまる。花笠に手ぬぐいで顔をかくし黒眼鏡の異様な風体は亡霊の姿か。「鷲《わし》の鳥《とり》節」「鳩間《はとま》節」「石垣口説《いしがきくぜち》」「安里屋《あさどや》節」などの名曲がつぎつぎと出てくる。舞台でおこなわれる芸能大会と異なって、盆あんがまの夜には誰しもが異次元の境地へ引きこまれていく気分になる。

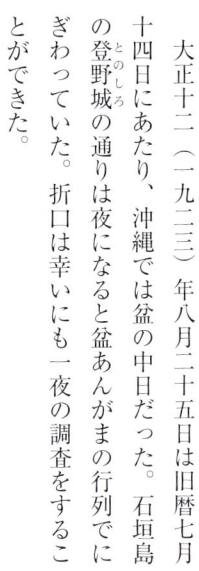

折口は舞いつつ歌いつつ芸づくしの夜の有様を見て、芸能とはこのようにして発生し、年中行事の中に育っていくことを知った。後日、この盆の夜のことを「祖霊の群行《ぐんぎゃう》」とのべている［一・29‐31］、［一八・201］。

盆の夜に、尉と姥の仮面をつけ、祖先の姿をした者が群行者をしたがえて民家をまわってくる、登野城《とのしろ》での神来臨の形式［二・356］を実際に眼前にした折口は「まれびと」、「翁の発生」の思考と論拠に確信を持ったのである。

全集三七巻の索引で「あんがま・あんがまあ」の項目にあたってみると［一・29‐31、35］、［二・36、56、354］、［四・424］、［一二・169］、［一八・201・202］、［二三・315］沖縄の盆祭［二・36］、［三・13・14、345］、こんなにたくさんあり、くりかえし説明をしている。折口の古代信仰論を知るキーのひとつといえよう。

折口が沖縄の旅で体験したことは、演劇や舞踊が信仰の世界の中でこそ活きているということだ。また生者の現世と死者の他界の通じあう日のあることを知り、島の人はその実現を疑う者のいないこと、演劇も舞踊もその時間帯の中でおこなわれ、生者も祖霊もひとつ世界に共存するのを目の前にしたのである。

島人はなつかしい祖先とのしばしの時間帯の中で交流しあい、長寿と豊作の祝福を与えられ、来る年の約束を取りつける。島人と交わりあって歌い、踊りあうなかで、翁と媼姿の祖霊は島人に活力を与えて去っていくのである。

折口はここにメシア(救世主)としての祖霊を知ったのである。

1：盆あんがまの訪れ　「ウシュマイ」(翁)と「ンミィ」(媼)の仮面をつけ先祖の姿になった者が先頭に、盆あんがまが民家を訪れてくる。沖縄県石垣市

2：先祖の祭壇　盆の夜には座敷の祭壇に先祖の位牌を飾り、「盆あんがま」の訪れを待つ。

3：「ウシュマイ」と「ンミィ」　まず座敷にあがって祭壇の位牌を拝むことにより、先祖の霊を体得したことになる。

4：「盆あんがま」の若者　「ウシュマイ」と「ンミィ」の後につづいて座敷にあがってくる、沖縄民謡をにぎやかに歌い踊る。

5：先祖のもてなし　「ウシュマイ」と「ンミィ」は先祖と見なされる。

6：家を去っていく「ウシュマイ」と「ンミィ」先祖様と見なして別れがたく後を追う子どもたち。

1：長者の大主　屋部《やぶ》の「八月踊り」にあらわれる「長者の大主」。白髯の翁の姿で、行列の先頭を歩み村の長老と見なされている。沖縄県名護市
2：親雲上のもてなし　「八月踊り」で村巡りをした「長者の大主」は祭場の舞台にあがる。里の親方の親雲上から神酒のもてなしの儀礼を受ける。
3：若者たちが長者の大主を迎える儀式舞をする。
4：豊年祭（旧暦8月8日頃）の「福録寿」　仲筋地区で、大勢の眷族を引きつれて舞台に上る長者の大主。沖縄県多良間村
5：塩川地区に登場する「長者の大主」
6：仲筋地区では最後に多良間の英雄物語を楽劇にした組踊りがおこなわれる。

長者の大主《ちょうじゃうふっしゅ》

折口信夫は第二回目の沖縄の旅（大正十二年・一九二三）で本島を巡っている時、軽便鉄道開通の祝賀会が各地の停車場でおこなわれていた。その時訪れてくる行列の先頭に沖縄の「翁」である「長者の大主」を発見した〔三・344〕。

「長者の大主は其村の祖先と考えられて居るので、白髯の老翁に扮している。此が村をどりの先頭に立つ一行の頭である」とのべている〔一・35〕。寿、福、富をそなえた大主は村人から尊敬されている。折口はそこで祖先から霊力を受けつぎ、多くの眷族をひきいて現れた一族の長者の姿を実際に見た〔二・354〕。長者の大主は　祭りの場に着くとまず「親雲上《ぺいちん》」というあるじ役の者が出迎える。

「長者の大主、設けの座に直ると、改めて名のり、（中略）祝福せられた生活を感謝し、更に多くの一行が、皆自分の子孫なることの果報をのべる。此は遠来の神が、土地農作を祝福し、又一行の伴神の、かくの如く数多きを喜び誇る言ひ立て」であると記している〔三・345〕。祭場では親雲上から祝盃を受ける儀式がおこなわれる。

村祭りに長者の大主が現れ、親雲上が迎える行事は現在でも各地の豊年祭りにおこなわれている。

折口は沖縄の祭りで行列の先頭を行く翁を信仰の形で見て、芸能化した能の「翁の起源」を示しているとのべている〔一・36〕。

沖縄県指定無形文化財の「屋部《やぶ》の八月踊り」は、名護市で毎年旧暦八月十日を祭りの正日におこなわれる。長者の大主を先頭に祭りの行列が道を巡回して行くところは折口の見た当時の行事に近い風景かと思われる。

祭日にはまず祭場の神あしゃげで神女たちの神事からはじまる。旗を立てた八月踊りの行列は白い髯をはやした長者の大主を先頭に「道ジュネー」という行列を組んで屋部の町の中を巡る。長者の大主の後から子孫と見なされる大勢の子どもたちがついて行く。行列は途中で「コテイ節」「稲摺り節」など

4

5

6

の祝福芸能をして町中を一周する。公民館の舞台で親雲上が伴の者と待ち受けているところへ、長者の大主が現れて席につく。うやうやしく盃を運んできた親雲上から長者の大主は神酒を受ける［一・35］。

その儀礼が終わると、「コテイ節」、「稲摺り節」、「喜栄節」からはじまって、二三の芸能がつづき最後に「組踊り」という楽劇が演じられる。

多良間島の豊年祭り

多良間島は宮古島と石垣島のほぼ中間にあり、人口約一三〇〇の離島である。旧暦八月八日頃に、仲筋、塩川の二つの地区ではそれぞれ「八月踊り」という豊年祭りをする。この祭りに古典芸能としての「翁」が登場する。

仲筋では「福禄寿」、塩川では「長者の大主」とよばれている。本島名護市屋部の祭りのように「道ジュネー」（道行き）はなく、はじめから儀式舞として眷族を引きつれて舞台の上にあがってくる。

豊年祭りは獅子舞にはじまり、大主の豊年祭りの口上、それにつづいて十八世紀頃に首里王府から伝えられた古典芸舞、地元で芽生えてきた郷土芸能、そして最後に多良間の歴史である英雄物語を楽劇にした組踊りがおこなわれる。

仲筋を例にとれば組踊りは「忠臣《ちゅうしん》仲宗根《なかそね》豊見親《とうみゆや》」が一五二二年に与那国の首長鬼虎《うにとぅら》を征服した時の史劇である。島民にとっては輝かしい祖先の歴史を祭日に追体験することになる。

この組踊りには約二〇名が出演し、演劇と舞踊をおこない、地方《じかた》の謡と三線の楽器が入る。そのほか進行、衣装、会計係などが加わると、地区毎にすべての人がかかわっておこなうのである。そこに祭りを完成させる村の意義があるのだ。

多良間島の豊年祭りは二百年間も離島の中に独特の芸能の境地を続けてきた。昭和五十一（一九七六）年には国の重要無形文化財に指定されている。折口は沖縄の芸能の中でこの組踊りの最も熱心な理解者であった［二・455・459］。

1：琉球国王第一尚氏の父親である屋蔵大主の墓は琉球王朝が伊平屋島から生まれたことを示す遺跡になっている。
2：神あしゃげ　祝女たちが祭りをしたり、休息をする建物。萱葺きで軒が低く、祝女たちの顔が外から見えないようにできている。
3：くまや洞窟　天照大神がかくれたという伝説の600平方メートルの巨大な洞窟。沖縄県伊平屋村

伊平屋島と伊是名島

折口信夫は昭和十（一九三五）年十二月二十日に那覇に到着した。この旅には後に折口の養子になった藤井春洋《はるみ》を伴い、翌年一月二十三日まで滞在した。主なる目的は伊平屋、伊是名の両島で琉球国王の尚家について調査することだった。その渡航は冬の海が荒れ、日程に苦労したようである。滞在中は各地で講演をおこない、島の人びとに深い感銘をあたえている。この旅の著作としては論文「琉球国王の出自」［一八・29・79］、文学作品では長詩「月しろの旗」［二六・461・472］はじめ、多くの詩や短歌がある。

琉球列島の北端にある伊平屋島は琉球の人にとって神の訪れて来る方向にある島と思われている。［二・56］。また琉球王の出生はその信仰につながっていると折口は考えていた［一八・64］。

伊平屋島で折口がどこを訪ねたかはわかっていないが、琉球をはじめて統一した第一尚氏の先祖の鮫川大主とその父の屋蔵大主の葬られている「屋蔵墓《やぐらばか》」には深い関心があったろう。

海神祭《うんじゃみさい》　伊平屋島で旧暦7月17日おこなわれる。祝女《のろ》や神女たちが海神を迎えて豊漁を祈る。沖縄県伊平屋村

4：玉御殿《たまうどん》　伊是名島にある尚円王父祖の墓地。
5：尚円王の銅像　琉球国王第二尚氏の始祖尚円王の銅像が御庭公園に建っている。沖縄県伊是名村
6：逆田《さかた》　尚円王が北《にし》の松金とよばれていた青年時代に耕した棚田。どんな旱魃にも水が涸れることがなかった。

また、大正十年（一九二一）第一回の旅のおり、伊平屋島の神人のことを資料で読んでいるので、［一八・131］祝女《のろ》の祭りのことなども調査したであろう。私は平成二十年八月に渡島して、現在も残っている祝女のウンジャミ（海神）の豊漁祭に行きあうことができた。

折口が伊是名島に昭和十一年（一九三六）に渡ってから七二年後に私は訪れたことになる。第二尚氏の初代尚円王（一四一五ー七六）が生まれ、育った島である。

生誕の地は立派な遺跡公園になっていた。尚円王（金丸）の銅像がそびえ立っている。その近くに尚円王のへその緒を埋めた所といわれる「みほそ所」が拝所としてある。また尚円王の父祖の墓地の玉御殿《たまうどん》が島の南側の丘陵地帯にある。尚円王の叔父にあたる銘苅《めかる》家の邸宅も国の重要文化財として保存されてある。

折口は第二尚氏の遺跡のなかでも、「逆田《さかた》」に興味を持った。現在その逆田を訪ねて見ると、坂地の斜面にかかった七枚の棚田がある。尚円王がまだ村の若者として「北《にし》の松金」とよばれて、この田を耕していた頃、その田はどんな旱魃の年でも水不足になることがなかった。それは夜になると彼の田に水が下から上に逆さに流れこんでいたからという伝説が残っている。今は逆田のかたわらに立派な記念碑がある。折口はその逆田の写真を手に入れたことを記している［一八・218］。

この島から琉球王になった第二尚家は一四七〇年から一八七九年までつづき、徳川幕府よりも長く王統を保っていた。

供養塔　伊勢や熊野から信仰や芸能を伝える宗教者が通った道。人も馬もこの地で疲れ果てたのであろうか。供養塔が並んでいる［三一・205-219］。長野県阿南町新野

三信遠の旅

1：木地屋の倉　木地物を倉の中で乾燥させる。石川県加賀市中山温泉
2：現代の木地業　電力モーターでくり物を作る。石川県加賀市中山温泉
3：筒井神社の神符　木地屋の祖神をまつる筒井神社で出している。滋賀県東近江市永源寺町
4：木地屋の職神の掛図　惟喬親王と手挽きのろくろの絵図。滋賀県東近江市永源寺町

「三信遠《さんしんえん》」とは、愛知県東部の三河、長野県南部の信濃、静岡県西部の遠江《とおとうみ》の旧地名をひっくるめていう。折口信夫は大正九（一九二〇）年三十四歳の時、この山岳地帯の民俗をたずねて旅をした。岐阜県恵那市の大井から徒歩で岩村を経て長野県浪合に入り、八日間歩きつづけて静岡市に着いた。その記録は「信州採訪手帖大正九年」にくわしい［三五・205－232］。

折口の三信遠を歩いたコースを地図の上で直線で結んでも一六〇キロの距離になる（巻末地図参照）。「供養塔」はこの旅での歌である。［二四・27－28］

「数多い馬塚の中に、ま新しい馬頭観音の石塔婆の立ってゐるのは、あはれである。又殆、峠毎に、旅死にの墓がある。中には、業病の姿を家から隠して、死ぬるまでの旅に出た人のなどもある。

人も馬も道ゆきつかれ死にゝけり旅寝かさなるほどのかそけさ

道に死ぬる馬は仏となりにけり行きとゞまらむ旅ならなくに」

折口はこの三信遠の旅によって、日本人の旅とは神を信じ、神の教えを伝え、自らも神の分身となって命の果てるまで歩く者のいることを知った。白い帷子《かたびら》に手甲、脚絆、杖をついて旅する姿は死装束である。杖すらも墓標になる。その古代からの生と死の間の信仰の旅を、折口は三信遠の道中で来る日も来る日も目にしてきた。折口自信にとっても過酷な旅であった。

三信遠には太平洋側の熊野、伊勢から日本海側へ抜ける古道が幾筋もある。折口の旅はそれらの街道を横切って行った。「もしかしたら木地屋に出会えるかもしれない」という望みを持っていた。木地屋とは山の中で樹を伐り、ろくろにかけて器を作る木工職人の集団である。文徳天皇の第一皇子、惟喬《これたか》親王（八四四－九七）を祖神として信仰し、全国的なつながりを持っていた［一七・306－317］。しかし、大正時代には木地屋生活はもう山村にはなかった。

雪祭の行列　1月14日の夕方、諏訪神社から面箱神輿をかついで伊豆神社へと、渡御してくる。長野県阿南町新野

信濃新野の雪祭〔三二・329-334〕

新野の里の伊豆神社を訪れると、境内の入口には八十年も古い昔に折口が訪れた雪祭の歌碑が建っている。

昭和三十三（一九五八）年一月十四日、雪祭の日の除幕で、歌は折口から新野の故伊東栄一に送られた短冊による。雪の夜の鬼の吠える声から古代の清純にしておそろしき神の怒りにふれた心地を詠んだものである〔三二・305〕。※37頁に歌碑

折口は大正十五（一九二六）年正月に訪れた時、郷土史にくわしい仲藤《なかとう》増蔵から「雪祭」という名を聞き、感じ入った折口の言葉から拡がったという（『折口信夫の世界』252頁〈三隅治雄執筆〉岩崎美術社）。

長野県旦開村を折口が三信遠の旅で通過したのは大正九（一九二〇）年だった。その時「正月の御神事」という祭りのあることを知った。当時はまだ「雪祭」という名はなかったが仲藤増蔵から、聞いた行事のメモが残っている（『折口博士記念古代研究所紀要』第四輯361・368頁）。いつかは調査したいという下心がおきたのであろう。実際に訪れたのは六年後の大正十五（一九二六）年に、早川孝太郎の案内によってである。早川は奥三河の南設楽に生まれ、農民生活を描く日本画家であった。

毎年おこなわれている雪祭の行列は、一月十四日の夕方諏訪神社を出発する。神面を神輿におさめて、伊豆神社へと二キロの雪道を渡御してくる。

伊豆神社で「びんざさら」の田楽舞が奉納された後、若者たちが庁屋の板壁を丸太棒で叩き鳴らす。神の出現をうながす「乱声《らんじょう》」である。すると、祭りの庭に大松明が立ち、炎をあげて燃えだす。

そのさわぎの中から「幸法《さいほう》」が飛び出してくる。わらで編んだ冠に、顔にしわのある神面をつけてい

1

2

3

4

1：神前に供える大雪　捧持するのは雪祭保存会長
2：田楽をおこなうびんざさらの舞
3：幸法《さいほう》　雪祭の主神幸法《さいほう》が腰にさした棒で観客をおいかけまわす。
4：もどき　幸法とは逆の動作をして、幸法をからかい、滑稽な動作で観客の興味をひく。

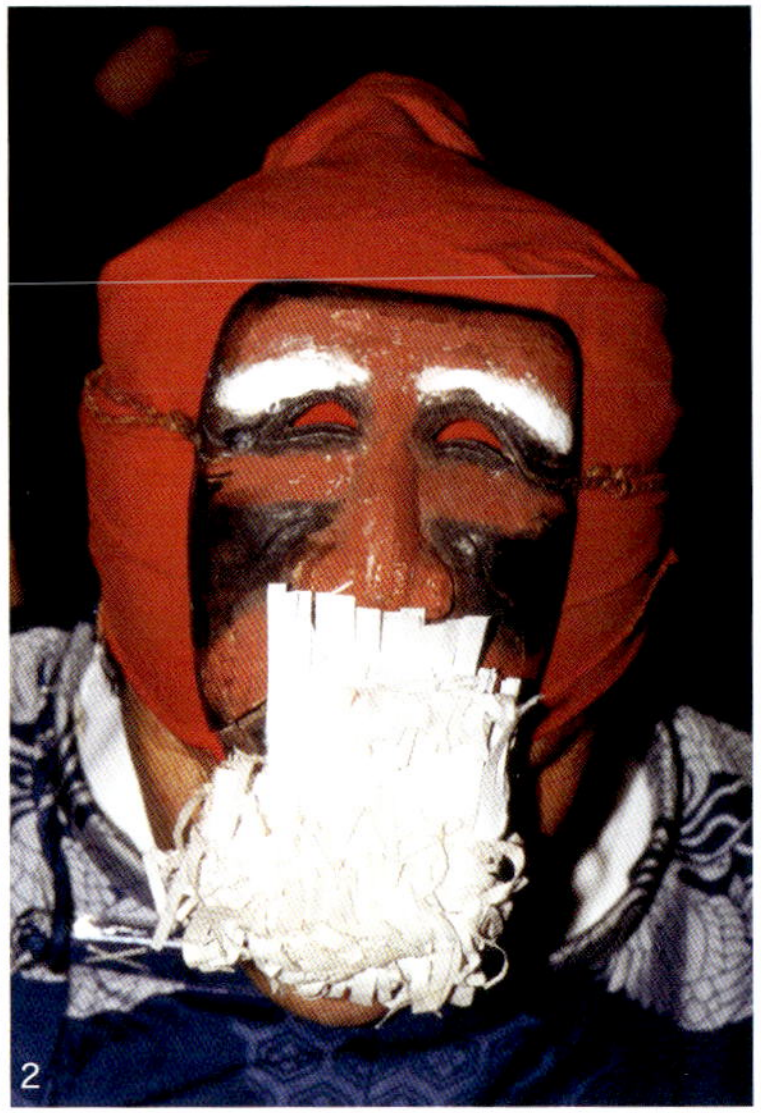

1：翁　宝数えを語り千代万歳をことほぐ。
2：松風の翁　万歳楽を唱える。
3：正直切翁　猿楽の中の物語の仕草をして笑わせる。
4：海道下り　禰宜の親子が都から道中の旅物語をしながら神社まで来て、新年をことほぐ。

る。千早の上衣に裾高の袴姿だ。右手に持つ若松の枝は依代か。左手には薄い板で編んだ団扇の柄を握っている。折口はこの登場者を「神ともお化けとも説明出来ない霊的なもの」と説明している〔二八・247〕。幸法は生産を豊かにする棒の「ほっちょう」を携へ、女たちの群に突入し、追掛けまわしその後田楽衆の「さらさ」にからむ。「もどき」とよばれる役が出てくる。眉や目尻が吊り上がり、口先を丸くすぼめた表情の面で、「幸法」の動作を大げさに、滑稽にまねて見せる。群衆がよってたかってからかいだす。

　折口はこの時の「幸法」と「もどき」の間柄を見落さなかった。「もどき」は「幸法」の演技をわかりやすく説明し、誇張したり反対に動いて際立たせる。能楽の翁と三番叟の原型とも思われる〔二・387〕。そこに折口は気づいたのである。

　祭りは真夜中をすぎた。びんざさらの田楽がおこなわれている最中に、「幸法」がとんどの火の中に雪のかたまりを捧げ入れ、豊作を祈ると、「もどき」も神妙に同じことをした。これが「雪祭」の儀式だ。やがて二頭の作り物の駒が並ぶ「競馬《きょうまん》」、神官が乗ってくる「お牛」、それにつづいて宝数えをする「翁」、万歳楽を唱える「松風」、猿楽という語り物の「正直切翁《しょうじきりおう》」など三人の翁がつづけ様に出てくる。その後、禰宜《ねぎ》の親子の旅物語の「海道下り」、稲の稔りを促す「神婆《かんば》」、夜が明けると「天狗《てんごう》」という三巨人の鬼舞、「鍛冶《かじ》」「八幡《はちまん》」「志津目《しづめ》」と続き、最後に豊作予祝の「田遊び」で終る。

　新野は山奥深い秘境の盆地である。このような真夜中の芸能はどのような人たちによって新野まで運ばれてきたのか。折口は中世から近世にかけて、信仰心から生まれた芸能を伝えてめぐる神人達のひたむきな旅心を思わずにいられなかった。

　彼は雪祭の魅力に引かれて新野を六回訪れている。昭和二十八（一九五三）年一月には映画のシナリオ『雪祭』を書き、三隅治雄によって現地に届けられた。五月に映画が完成。折口はその年の九月に人生を終えた。折口なき後、新野の雪祭は昭和五十二（一九七七）年に国の重要無形民俗文化財に指定された。

雪祭の歌碑（伊豆神社境内入り口）

碑身の高さは一・四一メートル、飯田産の御影石に刻んである。

雪松里
とおき世ゆやまにつたへし神いかり
このこゑをわれきくことなかりき
釋　迢空

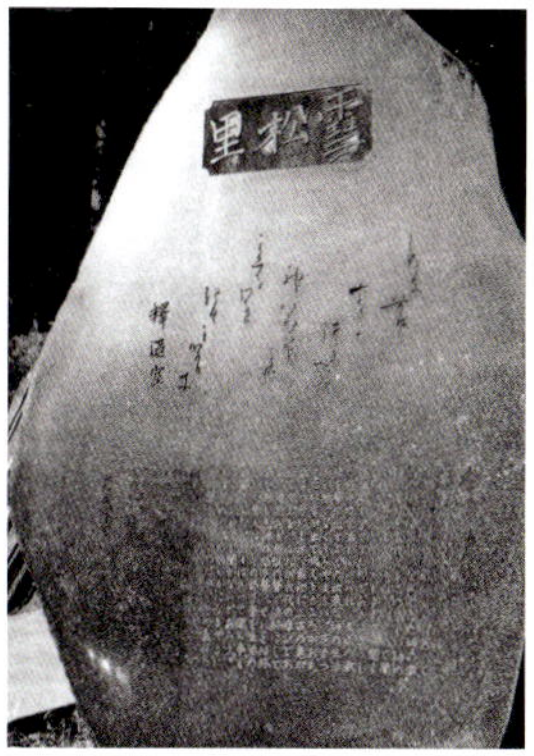

雪松里の歌碑

5：幸法《さいほう》の豊作祈願　雪を庭火の中に投じて豊作を祈る。
6：競馬《きょうまん》　作り物の白馬にのった二人の射手が四方に矢を放ち、悪魔払いをする。
7：お牛　宮司が作り物の牛に乗り、弓を射て悪魔払いをする。
8：天狗《てんごう》　太郎、次郎、三郎という鬼さまの登場、禰宜と問答して負かされる。
9：志津目《しづめ》　獅子にまたがり悪霊を鎮め退散させて仮面行事は終わる。

1：花祭の里、東栄町の月　現在、花祭は愛知県の東栄町に11、設楽町に1、豊根村に5ヶ所ある。

2：滝祓い　花太夫とみょうどは村の滝に詣で「滝祓い」の儀式をして聖水を汲みあげ、花宿の湯釜に入れる。愛知県東栄町

奥三河の花祭《はなまつり》

新野の雪祭を見に来た折口に早川は、隣の愛知県の奥三河にも夜中に山の神の現れる祭りのあることを告げ、折口を誘った。

大正十五（一九二六）年の花祭は奥三河の北設楽郡内では二十ヵ所（平成二十一〈二〇〇九〉年現在では十七ヵ所）、静岡県に二ヵ所、長野県に一ヵ所でおこなわれていた。当時は十二月二日にはじまり、各地で点々とおこなわれ、翌年の一月中頃までつづく。早川が折口を案内したのはその年の一月十二日から十三日にかけての豊根村三沢であった［三・371－374］、［二・288－328］。

花祭は定められた民家が花宿になり、土間に村人が押しかけてきて夜通しでやる。

そこへ早川と折口が現れた。長野県側で「雪祭」を見ていた二人だが一月十一日の「お面おろし」の神事がすむと十四日の本祭までは目立った行事がない。その間に、愛知県豊根村三沢へと強行したのだ。わら沓にかんじきを履き、十二キロの雪道の新野峠をこえてやってきた（早川孝太郎全集『折口さんと採訪旅行』十二巻、未来社）。花祭では真夜中になると山の神が訪れてくる。村人は神をかこみ、歌い、舞い、踊り、熱狂のうちに夜が明ける。大正十二年に沖縄で見聞してきた「まれびと」の祭りが形を変えて本州でもおこなわれていることを眼前にした折口の驚きは大きかった。

「返閇《へんばい》」を発見する

折口が花祭で発見したのは、山の神がおこなう「返閇《へんばい》」の儀式舞であった［四・436］。返閇とは中世の時代に宮中で天皇や貴族の外出の時、陰陽師が足ぶみをして行く先の道の邪気を祓う呪術である。

花祭では山の神である榊鬼が大きな鉞を振り廻し、祭場に現れる。湯立てのかまどの前に立つと笛太鼓の拍子にあわせて力足を踏みだす。あたりは静まりかえり、神聖感が祭場に満ちる。村中の悪魔を踏み鎮めるこの返閇の所作を村人は「へんべ」と呼

折口信夫の歌碑

平成十三年三月建立。東栄町、ふるさと歌会、くるみ句会により、東栄町本郷の花祭会館前庭にある。碑身は台座をふくめて高さ二・二メートル。材質は御影石である。

まつり日はおとゆたけしや川の上にしたら本江
はれわた流なり　迢空

昭和十五（一九四〇）年東栄町中設楽の花祭研究に訪れた時詠まれた色紙を、設楽町津具の夏目一平が保存、拡大彫刻したもの。

愛知県東栄町花祭会館前庭にある折口信夫の歌碑。平成13年（2001）に建立、「本江」は「ほんごう」と読む。東栄町本郷地区の地名である。

5

4

4：高根祭り　花太夫とみようどは花宿の北西の方向の小高い山に登り、天から訪れてくる神や精霊を迎える「高根祭り」の儀式をする。

5：辻固め　花太夫とみょうどは畑地に五色の幣を立て、地中から現れるもろもろの精霊を防ぐ。

6：神座《かんざ》　舞処の奥にある。花太夫とみょうどが神々を勧請し、祭事をおこなう神聖な場所になっている。

7：湯立て　行事のはじめに花太夫が「釜祓い」をした後、「湯立て」の神事をして舞処を潔める。

7

6

榊鬼　山の神の榊鬼は花宿で花祭がおこなわれると、山の頂上の槻《つき》神社から里へと降りてくる。愛知県東栄町

1：花祭の祭場　榊鬼が伴鬼をつれて現れ、たけび舞う。

2：榊鬼の返閇《へんばい》　祭場の釜の前で、榊鬼は神聖な舞の「返閇」をふみ、地中にひそむ精霊を制圧する儀式舞をする。

3：榊鬼の祈祷　民家を巡って、疫神祓いや病魔退散の祈祷をする。

んでいる［一・45］、［三一・312］。折口は都を遠くはなれた山村で、返閇の秘儀のおこなわれていることをひそかに知った。その夜の祭りの感動を歌に詠んでいる。

さ夜ふかく大き鬼出で、斧ふりあそぶ心荒かに我は生きざりき　［二四・321］、［二五・478］、［三一・300－306］

いやはてに鬼はたけびぬ怒るときかくこそいにしへびとはありけれ　［二四・324］、［二五・478］

花祭は誰が伝えたのか

極寒の夜に徹夜で、松明の炎と煙につつまれておこなわれる「ねむい、けむい、寒い」といわれるこの祭りに折口は昭和十六（一九四一）年までに七回

1

2

3

も通って、「花ぐるひ」といわれたほどだった。昭和三（一九二八）年には東京の國學院大學講堂に花祭衆を招き、公演させたほどの熱の入れ方だった。

このような山間の村の各地に、どうして当時二十ヵ所も多彩な神事芸能があったのか、誰が伝えたのか。折口はかまどを作り湯立ての神事をすることから、伊勢流神楽の影響があると見てとった。三信遠の道を伊勢からの宗教者が歩いていることを折口は知り、「山の霜月舞」の論文の中に「伊勢神楽の影響」という項目をあげて説明をしている［二・302・305］。その後の研究で伊勢流神楽の御師や神人が村々で神事芸能をおこない、信仰を拡めて巡っていたことが確かめられた（本田安次著『神楽』木耳社）。

明治維新以後伊勢流神楽は途絶えたが、それぞれの村人たちが継承し、村祭りとして定着するようになったのである。花祭の歌の文句にも伊勢流神楽歌が多く入っていることがわかり、花祭の源流は伊勢流神楽にあったことが確かめられている（後藤淑執筆『花祭・花祭の研究』国書刊行会）。

1:花の舞　祭場で四歳から六歳くらいの男の子が花片の冠をかぶり「花の舞」をする。

2：巫女の舞　舞処に現れた巫女、鈴と扇を持って舞いめぐる。花祭に招かれた御礼をみょうどにのべていく。

3：翁の舞　遠い国から旅して花宿に訪れてきた翁。白い眉毛に切れあごの面をかぶり、もどきの問いかけに祭りに招かれた祝福をのべる。

4：湯ばやし　4人の若者が大きな束子《たわし》を両手に持って釜のまわりを舞巡る。時をへて、釜の湯を束子につけ、周囲の観客にいっせいにふりかけて潔めをする。これをもって花祭の舞は終わる。

5：花育て　神座では花太夫はじめみょうどが総立ちになって「花育て」の神歌を歌いだす。花祭は終りに近づく。

6：宮渡り　神座に祭ってある氏神は神輿に移り、「花育て」の歌われているなかを、舞処から山頂の神社へと渡御して帰っていく。

1：大神楽の白山《しらやま》　平成2年（1990）11月23日におこなわれた三河大神楽、白山《しらやま》の全景、周囲は冥府のシンボルである青柴垣でかこんである。愛知県豊根村

2：白山の中心部　死装束をした「生まれ清まり」の立願者が僧によって引導を渡される。

3：梵天　中空にかけられてある白い梵天は明治以前は「真床襲衾《まどこおふすま》」とよばれていた。

幻の大神楽《おおかぐら》

昭和五（一九三〇）年に早川孝太郎は大著『花祭』（岡書院刊）の中で、その源流が「大神楽」にあることをのべている。三日間連続の大神楽は、七年ごとにおこなわれていた。毎年おこなわれる花祭はその小形版の一夜神楽であったのだ。大神楽は安政二（一八五五）年、豊根村下黒川を最後に中絶した。早川は生存者の村人から七十五年前の大神楽の有様を聞きだし、記録として著作の中に加えた（『早川孝太郎全集』第二巻）。

　折口は早川の『花祭後編』に大神楽をふくめて花祭全体の解説を跋文《ばつぶん》の形で記している。その文章は全集に「山の霜月舞・花祭解説」として転載されている［二・288-328］。

　折口は昭和三（一九二八）年六月に長野県で「大嘗祭の本義」という講義をおこなった。またそれとは別に同年十月に「大嘗祭の本義」と題した別の原稿を執筆している（著者の生前には未発表、昭和五十三（一九七八）年に『折口博士記念古代研究所紀要』第三輯に掲載）［一八・294-324］。その著述の中で、皇位の継承とは「人間的には血族的に交替があるとしても、信仰的には一人格が永続しているものと考へ」古代から信仰行事としておこなわれており「大嘗祭の第一義は実は復活式である」とのべている［一八・326］。

　「復活」とは生命の「よみがえり」のことだ。死からの生まれかわりで、一度失った肉体に霊魂が活力をとりもどすことである。「よみがえり」は折口

4：神子が白山に入っていると、鬼どもが現われ、死後の呵責《かしゃく》をあたえる。
5：獅子の登場　獅子が東の口より西の口へ、南北にも駈けて白山を割る。これにより立願者の神子は花宿にもどる。
6：迎える村人　花祭の舞処では笹湯で白山からの神子を迎える村人たち。
7：神子　笹湯により「生まれ清まり」の再生儀礼を受ける神子。

が民俗学の論文で、また自作の小説『死者の書』にもとりあげてきた日本人にとって大きな信仰現象であった。

奥三河の村で大神楽がおこなわれていた江戸時代には神楽の場から五〇メートルくらいはなれたところに、「白山《しらやま》」という青柴垣でかこまれた祭場を作った。そこに吊す天蓋を、「真床襲衾《まどこおふすま》」と呼んでいたことを折口は知った。真床襲衾こそは古代の天皇が大嘗祭を迎える夜中に全身を包みこみ、魂を神格化させる「よみがえり」のための呪術の装置だったのである。それが奥三河の山村に伊勢外宮の神楽の神人たちによって持ちこまれていたことがわかってきた［三・380-382］、［二〇・318-319］。

しかし、江戸末期に途絶えてしまった奥三河の大神楽を、折口も早川も生涯見ることはなかった。折口の書き伝えた豊根村の辻紋平あて昭和五年二月六日の手紙が、その関心の深さを物語っているのである［三四・133-136］。

早川の著書「花祭」刊行から六十年たった平成二年の御大典の日、十一月二十三日に豊根村下黒川では「大神楽」を祝典行事として復活させた。宗教芸能史研究の武井正弘の考証により、大神楽の浄土である白山が再現された。そこに立願者たちが白装束で入った。百三十五年前と同じ冥界の呵責《かしゃく》を受け、「擬死再生」の人生儀礼により念願を果たしたのである。大神楽では真床襲衾は「梵天《ぼんてん》」とよばれていた。その下で生まれかわった新しい肉体に、強い霊魂が注入される儀式がおこなわれた。折口の注目している「よみがえり」の信仰が平成の時代になっても活きていることを知る［一七・201］。

1

2

西浦《にしうれ》の田楽

西浦田楽のある浜松市水窪《みさくぼ》町は長野県南部の県境の青崩峠まで一〇キロの山里、折口が田楽を見に行った頃はまだ鉄道が通っていなかった。そこへ昭和二（一九二七）年、五（一九三〇）年と二度訪れた。五年五月には田楽の能衆を國學院大學に招き、芸能を公開して東京の学者や学生たちに見せたほどの熱の入れ方だった。

西浦田楽はその後七十年たっても折口が見た時と変わらず、今も旧暦一月十八日の月の出からはじまり、翌十九日の日の出頃に終わる。

祭りの起源については、昔使っていた田楽面に養老三（七一九）年という年号があったというから、室町時代に起こった能楽よりもはるかに古いことになる。

田楽は能衆とよばれる家の十七戸からなり祭主は別当の高木家で厳粛な世襲制で守り続けている。曲目は地能三三番、はね能一二番、番外二番の順序でおこなわれ、地能では家毎に伝承する曲目や役が決まっている。

地能一番の「庭ならし」には、別当はじめ能衆全員が太鼓のまわりに集まり、詞章を唱える。

三番目の「地がため」から「つるぎ」「高足」にはそれぞれ「もどき」が曲目としておこなわれる。物まねをしたり、軽快にふるまい、失敗もする。着付けは派手だ。高足のもどきでは乗り方の上下を反対にして見物人を笑わせる。

信仰にもとづく芸能は象徴的におこなわれる。そのわかりにくさを、具体的な形になおして演じる役として「もどき」が登場してくる。それを折口は「副演出」という言葉でのべ、芸能の立場から重視している［二・385-388］、［三・234］。

地能一四番「麦つき」から二六番「餅つき」までは農耕の予祝行事で、一般には「田遊び」といわれている稲の豊作を願う芸能である。代かきの牛も出て来て西浦田楽の中心になっている。

この頃になると、真夜中の冷気と睡魔に襲われて、祭りの場から逃げだしたいほどだ。ところがそうは

いかない。つぎつぎ華やかな見せ場になってくるのだ。

　二七番「君の舞」は花笠をかぶった二人が長椅子に背中合わせに着座すると、親役が「しってり」という祭具を持って現れ、にぎやかな舞になる。

　二九番目は「仏の舞」で、千手、勢至、聖、子安、せんじ、馬頭の六観音がそれぞれ面をつけ、燈明を持って行列してくる。これは西浦田楽の中の来訪神の場面だ。最後の三三番は「翁」、三四番は「三番叟」で、折口は能に近い形の「翁」を西浦田楽で発見した。

　後半の「はね能」の頃になると、冬の夜空が明るくなり、曲目はいっそう能へと近づく。第一番は脇能の「高砂」で、白髪に白いあご鬚の老翁面をつけ

1：西浦観音堂　毎年旧暦 1 月 18 日から 19 日にかけて西浦の田楽がおこなわれる。静岡県浜松市水窪《みさくぼ》町

2：地能の御子舞　観音堂への奉納舞で、池島庄屋地が鈴、扇を持ち、刀を差して五方に舞う。

3：高足　白衣の二人が「よいしょ」の掛け声で同時に三回程高足に乗る。

4：高足のもどき　二人が横にならび、三回程高足に乗るが、落ちたり、高足を交換しあったり、上下逆に乗る仕草をする。

5：よなぞう　代掻きの所作を演じる。途中で仮面をつけた牛が出てきて、観客席にあばれこむ。

6：君の舞　腰掛に姉役と妹役が白扇を持ち背中合わせに坐る。そこへ親役が出て来て、祭具の「しってり」を捧げ持って、作物の豊作を祈る。

1

3

2

4

ている。右手に半開きの扇を水平に持ち、左手を腰にあてて、地能の「翁」に似た五方舞をする。二番目の「しんたい」は能の「神体」のことか。高砂の後ジテの意味であろうか。曲目のなかの「山姥」「鞍馬」「やしま」「橋弁慶」などは今日の能と同じ題名であるが、演じ方にはワキの存在がない。シテは全く言葉を発せず、舞うだけである。そして白鬼、赤鬼が登場してとびはねる演技を見せる、今日の能とは異なっている。はね能では題名曲目などに能の影響を受けながら、演じ方は西浦田楽独特の古風を伝承しているのである（『日本の古典芸能3巻〈能〉』312頁〈後藤淑執筆〉平凡社）。

　おそらく折口にとって三信遠の境地は古代という信仰圏から芸能の花園の中世に入る手前の道の駅のような案内所であったろう。

折口信夫の歌碑

観音堂の境内にある折口信夫の歌碑

燈ともさぬ村を行きたり山かげの道のあかりは月あるらしも　迢空

昭和五十三（一九七八）年建立［二四・30］

6

5

1：仏の舞　地能二九番目は、千手、勢至、聖、子安、せんじ、馬頭観音の順で六観音が仮面をつけ、行列して出てきて、舞処をめぐる。

2：地能の翁舞　翁面をつけ、右手に鈴、左手に開き扇を持って美しく舞う。

3：地能の三番叟　舞手は烏帽子をかぶり、三番叟の面をつけ、右手に鈴、左手に開き扇を持って舞う。

4：はね能の高砂　白髪と白髯の高砂面をつけ、右手で扇を半開きにして水平に持ち、ゆっくりと五方舞をする。

5：べんけいの舞　夜が明けると、弁慶は赤鬼の面に長刀を持つ。牛若丸はしんたいの面に太刀を持ち、頭から布をかぶって出てくる。長刀と太刀を打ち合わせて相対する舞のうちに、鬼は長刀を放り出して終る。

6：しずめ　別当が楽堂にむき、返閇を踏んで着座、面をつけて両手で印を結ぶ。祭場に招かれた神々を本郷に送り返す呪文を唱えて、西浦の田楽は終わる。

なまはげ　大晦日の夜に訪れてくる年神。秋田県男鹿市

初春の訪れ神

なまはげ・年どん・あまめはぎ

大正十三（一九二四）年のお正月のこと、折口信夫は東京朝日新聞を開いてびっくり仰天した。それは年越の夜に、秋田県男鹿半島では年神とも福神とも区別のつかない異形身の霊物《もの》が蓑をつけて民家を訪れ、「なもみ剥《は》げたか。はげたかよ、あづき煮えたか。にえたかよ」と呪文を唱えて家々に踊り込んで来るという記事である［二・376］。

その行事は「なまはげ」とよばれ、柳田国男の『雪国の春』、江戸時代の紀行家菅江真澄の遊覧記のなかにも記述されている。毎年十二月三十一日の夜に、巨大な仮面をかぶり、一人は手に神の依代である御幣を持ち、もう一人は出刃包丁を握りしめてくる。家に入るなり「泣ぐ子はいねがー」「悪りごとする子はいねがー」と大声で叫び、娘や子どもをおどかす。ひとさわぎすますと、家の主人がお膳に年祝いの御馳走を出してもてなす。なまはげは今年の豊作を約束して立ち去っていく。今では国の重要無形文化財に指定され、秋田県内に八十ヵ所以上あることがわかってきた。また石川県能登半島の「あまめはぎ」は、正月六日に輪島市で、二月三日の節分の夜には能登町で子どもたちが手製の鬼の面をかぶって幼児のいる家を訪れる。

鹿児島県甑《こしき》島の「年どん」は年神として十二月三十一日の夜に、縁側から家の中にむかって「○○はいるか」と子どもの名を呼ぶ。子どもが雨戸を開けると恐ろしい年どんが立っている。家の中へ入ってきて、ひとしきり子どもをおどかした後、背中に大きな丸餅のお年玉をのせてくれる。年どんは家を出るとき馬の鳴き声をする。首切れ馬に乗って去っていくのだといわれている。

1：あまめはぎ　節分（2月3日）の夜に小学5、6年生が自作の仮面をつけ、子どもをおどかしに来る。石川県能登町

2：年どん　大晦日に首切れ馬に乗ってやって来ると伝えられている奇怪な年神。鹿児島県薩摩川内市甑島

初春のほかひびと

正月には仮装の年神が訪れてくる。「なまはげ」のような強力なまれびとや、さまざまな「ほかひびと」が現れる【二七・35】。

ほかひびととは民家の門口に立ち、神の名を唱えて、家の人の幸福を祈っていく祝芸人のことだ【一・102・107】。大昔には「ほかひ」とよぶ旅の用具や神符をはじめ依代、神像の絵、神社の発行する暦などを入れた木箱を背負ってやってきた【三・325】、【二三・321】。後には木箱を背負わなくなっても、めでたい言葉を唱えて物乞いに来る漂泊者を「ほかひびと」と呼ぶようになった。門口に立つと、唱えながら手まねをして、踊りだす者もいた。折口はこれらの芸能者を「巡遊伶人《じゅんゆうれいじん》」とよび【一・95】彼の創作した言葉である。折口はこのほかひびとが大道芸へとつながり、そこに日本の芸能の発生を考えたのである。

1：箱廻し　四国の漁村に正月になると木箱の中に人形を入れた箱廻しがやってくる。徳島県美波町
2：でこまわし　箱の中に三番叟や恵比寿神の人形を入れ、門口で廻して豊漁を予祝していく。徳島県三好市
3：恵比寿舞　恵比寿神の姿をしたものが、門口で大きな鯛を釣り上げて豊漁の予祝をする。兵庫県赤穂市
4：大黒舞　正月に大黒の姿をした女性たちが門口で「福大黒が舞いこんだ」とめでたい文句を唱え新年を祝っていく。山形県鶴岡市

3

4

折口がほかひびとの中でも、深い関心をもったのは「くぐつ」の民であった［一・177］。木箱の中から神の姿の人形を取りだし、両手で支えながらまわして見せる。徳島県では正月のお祝いと祈祷をするのがこの「恵比寿かき」「箱廻し」とよばれる祝芸人である。

兵庫県は瀬戸内海にのぞみ、漁業が盛んである。中世から恵比寿神を福徳の神とする信仰が西宮神社を中心に広がっている［一・113］。正月には赤穂市の漁業地区にある宝専寺から恵比寿神に扮装した者が市内をめぐり、祭文をとなえ竿で大きな鯛を釣りあげて見せる。

山形県鶴岡市の農村地帯では正月になると女性たちが大黒舞のグループを作って、家ごとに歌い、舞っていく［一・113］。大黒頭巾をかぶった舞人たちが右手に金色の小槌をにぎり、左手に赤い扇を開いて持ちにぎやかに歌いながら大黒舞をはじめる［一七・37］。その歌声に近所からも人が集まってくる。

3

2

1

6

5

4

1：鹿島踊り　烏帽子に白衣、肩に長柄幣を持ち、「鹿島の事触《ことぶれ》」の姿で踊る。静岡県伊東市［一・22、一七・35］

2：猿廻し　昔は正月に厩《うまや》祈祷をしたが、今は大道芸をしてみせる。山口県岩国市周東町［一・24］、［三・288］

3：春駒　馬の首形にまたがった黒い面の男駒役が正月に島内をめぐる。新潟県佐渡市［一七・37］

4：三河万歳　太夫が扇を手にして語り、才蔵が鼓を打って祝言を掛けあう。愛知県安城市［一七・36］

5：えんぶり　歌い踊りながら手に持った棒の「えぶり」で地面を突き、田植えや豊作の祈願をする。青森県八戸市　［一九・137］

6：カセ鳥　蓑をかぶり、カッカッカーと叫び、正月の火防せ祈祷をする。山形県上山市［二・377］

伊勢太神楽《だいかぐら》

昔伊勢皇大神宮へのお参りの旅が楽でなかった頃、太神楽が各地の村をめぐり神宮のお札を配ってまわった［二〇・105］。今日では桑名市に七組の太夫が宗教法人伊勢神楽講社を結成して、一年中西日本を中心に太神楽をおこなって巡っている。毎年十二月二十四日には、地元増田神社の祭礼がある。全十七曲が奉納され、元旦から太神楽の旅に出発する。「獅子舞」は悪魔払いと五穀豊穣を祈り、「放下芸」は見物人を楽しませる曲芸をして見せてくれる。

四百年以上も獅子舞の正月の門付を失わず、大道芸の本質を持ち続けてきた。ここに信仰に生きている芸能の実態を見るのである［二一・302-304］。

1：獅子舞の花魁《おいらん》道中　増田神社の祭りには獅子が神楽師の肩の上に立ち、日傘を廻しながら巡る。三重県桑名市、関西一円

2：傘の曲　傘を水車のように回転させ、その上に盆をのせて廻す。

3：献燈の曲　12個の茶碗を積みあげ、竹竿にのせ片手で持ち上げる。傘の曲とともに寄席芸になっている。

4：神祠　旅道具を入れる長持の上に小さな祠がある。神符を収め、伊勢の神を祀りながら大道芸をおこなって旅する。

人形《ひとがた》

各地の人形

大正六（一九一七）年九月、折口信夫は九州へ旅をした。鹿児島県の大隅半島の岩川八幡神社を訪ねて老神主に会い、祭りの日の巨大な人形「大人《おおひと》弥五郎どん」の話を聞いている［三・304］。また全集第3巻の口絵には大人弥五郎どんの写真が掲載されてある（元版は『民俗芸術』昭和三年十月号）。

折口は八幡神の行列には伴神として巨大な人形が加わっていることを確かめた。

人形はもとは神そのものをあらわしたものだった。古代に人形を稲束や草で作り、道や村境に立てて置くのは邪神の侵入を防ぐためだった。今もその伝承はおこなわれている［一・115］。

平安時代になると、陰陽師は人身からけがれを祓う形代を白紙で作り、人形を刻んだ。そのデザインは素晴らしく、二十一世紀の今でも活きている。

2

1

1：大人弥五郎どん　身の丈6メートルの巨大な人形で、11月3日岩川八幡神社の祭りに現れる。隼人族の首長と伝えられてきている。鹿児島県曽於市

2：白紙の人形《ひとがた》　寒川神社はじめ全国で、6月30日の茅の輪神事に吊して厄除けにする。陰陽師が作りはじめ、全国に拡がった。神奈川県寒川町

3：お人形様　旧暦3月15日に3.5メートルもあるお人形様の顔を化粧して、手脚を新しく作りなおし、厄除けの祈願をする。福島県田村市

4：鹿島様　田植えが終わると畦道に鹿島様、または厄神様というわら人形を立て、悪神除けをする。秋田県横手市

5：田植祭り　加茂神社では6月初卯の日に、氏子が集まって真菰の葉で男女の草人形を作り、祭壇にそなえて田植祭りをする。その後自宅に持ち帰り、神棚に祭る。富山県射水市

6：人形送り　8月7日の早朝、子どもたちが門口に立っている鹿島人形を集め、旧村境に立てて夏の疫病祓いをする。茨城県稲敷市

3

4

5

6

1

2

3

4

5

神の身替わり

人形は草から紙に移り、さらに顔に目鼻、手足の実体を備えて人間に近づいてきた。祭礼の日には神と人の間を取り持って活躍する。人間よりも空間をとびはね、怪力を使ってみせることもできる。

大分県中津市古要《こよう》神社の祭りに出る人形は今も「くぐつ」とよばれている。舞台で人形の相撲がはじまると、黒い肌色の住吉様という小さな人形が大きな体の人形の一団をひとりで打ちし倒して、大活躍する。

芸能への道

また岐阜県高山祭の山車では、布袋人形の肩に唐子が空中ブランコを使って飛び乗ってくる。

江戸時代に入ると物言わぬ人形は浄瑠璃の語りと相まって芸能の境地をひらき、人の世の情念を鋭く舞台で表現するまでになった。折口は文楽について強力な応援者であった。「この国の歴史にはさして高くない民たちが権勢の擁護もなく、これだけの驚くべき芸を築きあげてゐた」と人形芝居についてのべている［二三・267］。

1：鹿島流し　紙で作った武神の鹿島人形を小舟に乗せて町を引きまわした後、川に流す。秋田県大仙市

2：熊野速玉大社の祭りで10月16日の渡御行列を先導する「ひとつもの」といわれる神の依代の人形。和歌山県新宮市

3：古要神社のくぐつ舞　10月12日（3年に一度）の夜に拝殿でおこなわれる。東方の大勢の白い相撲人形を、西方の黒い小さな住吉神の人形が押し倒して勝つ。大分県中津市

4：阿蘇神社の田男、田女《ため》、牛頭《ごず》　7月28日、御田植祭りの神輿の行列に、田男、田女の人形、牛の頭の作り物が参加する。熊本県阿蘇市

5：天津司舞　4月10日前の日曜日に、天津司神社にある九体の人形が鈴宮諏訪神社へ渡御して、古風な田楽舞をおこなう。山梨県甲府市

6：秋の高山祭の布袋台　屋台に布袋の人形が出てくると、2人の唐子が背後からぶらんこに乗って飛び出してきて、布袋の肩に上手に飛び移る見事さ、170年も続いている。岐阜県高山市

7：恵那文楽　恵那神社の祭りに義太夫節で三人遣いの人形芝居をする。元禄時代からはじまった。演目は「鎌倉三代記」。岐阜県中津川市

折口家の河童像

折口信夫は河童に深い関心を持っていた。全集にあるその著述は一日では読みきれないほどある［三・274－301、その他］。

昭和九年十一月東北旅行をした時、青森県津軽では河童のことを「水虎《すいこ》」とよび、親しまれていることを知った。折口は出精村《しゅっせいむら》（現つがる市）で地元の仏師に頼んで水虎の夫婦像を彫刻してもらった［三六・83］。國學院大學教授の西角井正慶に入魂してもらい、東京の折口家の玄関脇の神棚に祀られていた。

折口の没後、水虎は岡野弘彦によって水をたたえた器に魂を移す儀礼がなされたという。（岡野弘彦著『折口信夫の晩年』）水虎の夫婦像は現在は國學院大學に安置されてある。

折口家にあった夫婦の河童像、「水虎《すいこ》さま」と呼ばれ、玄関脇の神棚に祀られていた。

1

巫女とのりわら

2

東北地方のいたこ

青森県から岩手県北部地方にかけて「いたこ」とよばれる巫女がいる。幼い頃から目が不自由で、全盲の人もいる。娘の頃にいたこの師匠についてきびしい修業をへて一人前になる。なかには霊感の強い人もいるようだ。

いたこには「おしらさま遊ばせ」と「仏降ろし」の職能があり、両方をおこなう人もいる。

いたこはおしら神という木偶の姫と馬の一対の人形を両手に握って祭文を唱える。

それは、長者の姫に恋をした名馬の殺された物語だ。生皮をはがされると馬はそばにいた姫を包みこんで天に登る。この二者は養蚕の神となって地上に降りてくることをいたこが語る。いたこは祭文を語り終えてから、とりかこんでいる村の女性たちの暮らしや農業の出来具合、子どもの安否の占いをする。

折口信夫はおしら祭文に深い興味を持っていた。原文が中国東晋時代の馬頭娘（四世紀、干宝編「捜

神記」第一四巻）であることをのべ、中国の古典が日本に伝わってから巫女の祭文になるまでの経路を跡づけることが民俗学にとっての課題であるとのべている〔五・387－388〕。

いたこは依頼者から死者の呼びだしを受けると「仏降ろし」をする。「口寄せ」ともいう〔一・189〕。

青森県むつ市の恐山《おそれざん》にある円通寺は七月二十四日が地蔵堂の祭日で、二十日から寺の祭礼行事がはじまる。その日は死者が恐山に集まるといわれ、大正時代から死者の仲立ちをするために「いたこまち」がたつようになった。

地蔵講の日には参拝者はまず寺に頼んで卒塔婆を立ててもらって死者の供養をする。それから境内に集まっているいたこに「仏降ろし」をしてもらう。

いたこは死者の命日、男女の別、年齢などを聞き、依頼者との間柄に見当をつける。まず両手で数珠をすり合わせながら「はあー、えー、極楽のこいじの枝には何がーなるよー、南無阿弥陀仏の文字がなるよー」と仏降ろしの文句を唱えてから、一人称の口調で死者自身になって語りだす。今日の地蔵堂の祭りに招いてくれた喜びから、娑婆の恋しさを語り、依頼者が母親なら子別れをする辛さを訴えだすと、号泣する者が出てくる〔三四・231〕。

円通寺のまわりは火山の岩場から硫黄のガスが噴き出している地獄さながらの風景である。「仏降ろし」をすませた参拝者は三途の川の橋を渡り、極楽を思わせる宇曽利湖畔へ出て、この世とあの世をさ迷った心境をしばし鎮めて時をすごす。

1：いたこ　盲目の巫女で正月や春の始めに、姫と馬の頭の木偶を持って「おしら祭文」を唱えて託宣をする。青森県むつ市

2：おしらさま　おしら祭りをする家の卓上に祭壇をこしらえ、姫と馬の頭の木偶をおしらさまとして祭る。

3：いたこまち　恐山円通寺の境内では7月20日から24日にかけていたこが集まり、「仏降ろし」のいたこまちがたつ。青森県むつ市

4：仏降ろし　いたこは依頼者にたのまれると、死者の一人称になって「仏降ろし」の文句を語りだす。

5：恐山　火山灰地を持つ曹洞宗円通寺の境内。死者に会える信仰が生まれた霊地。

沖縄の祝女《のろ》

大正十（一九二二）年に第一回目の沖縄旅行をした折口信夫は本島をめぐり、どこの村を訪ねても村祭りを司祭する祝女に出会った。琉球王朝時代には祝女は国の公職であった。その最高位には琉球王の姉妹が「聞得大君《きこえおおきみ》」となり、王を霊的に守護し村々の祝女の最高の地位にあった。また、王国時代の聖地斎場御嶽《せいふぁうたき》（南城市）より、神の島の久高島にむかい遙拝の儀礼を行っていた。

沖縄での聞得大君や祝女のことを知った折口は、「最古日本の女性生活の根柢」の論文の中で、「此様子は、内地の昔を髣髴させるではないか」とのべている［三・148］。

折口は久高島に渡り、祝女および神人《かみんちゅ》の最高の行事である「いざいほう」についてもくわしく調査をしている（巻末地図参照）。

「いざいほう」は十二年目毎の午《うま》年におこなわれる。三十歳から四十一歳までの久高島の女性が神人になる資格の加入儀式である。一日目は広場の「神あしゃげ」とよばれる祭殿で「おもろ」の合唱をする。そのためには祝女や神人たちは砂に埋もれた「七つ橋」を渡る。夫に不義をした女はこの橋からころげ落ちるという。祭りは四日目を迎えて祝女をはじめ神人合同の大円舞となる。五日目には村中の大慰労会をもってすべてが終わる。

琉球王朝時代からの最高の巫女の祭典であった「いざいほう」は、昭和五十三（一九七八）年から中絶している［三・76－77］、［二八・117－126］。

1：久高島の祝女《のろ》　琉球神話発生の島で、祭事を受けつぐ女性の神職。琉球王朝時代には王府から勾玉の首飾り、神衣装、銀のかんざし、鳳凰扇があたえられ、それらを世襲している。沖縄県南城市久高島

2：久高島のナンチュ　「いざいほう」の儀式ではじめて神人の資格を持つナンチュ、アダカの葉を髪にさし、手に蒲葵《くば》の葉の扇を持つ。

3：久高島　沖縄県南城市久高島、知念岬の東約5.3キロの海上に浮かぶ周囲8キロの細長い平地の島で、人口は約230人。琉球の創世神話、祝女という巫女の住む島として神聖にあつかわれている。

いざいほうの祭り　午年に祝女（のろ）が島の女性に神人の資格をあたえる祭りの「いざいほう」の神事。沖縄県南城市久高島

3

2

奈良のそねったん

中世からあった惣村《そうそん》でかかえている巫女を村人は今も親しんで「そねったん」と呼んでいる。もとの言葉は「惣のいち」であったろう。「いち」とは巫女のことだ。奈良県、京都府の農村に住み、宮座の村祭りに巡ってくる。神社の拝殿での神事では神官の隣りか対座して着席している。そんなところに折口のいう古代の「神の嫁」の風格がうかがえる［一・79］。

そねったんは祭りの場で、湯立てをおこない、鈴の舞や剣の舞をして祭場に集まった人びとの祓《はらえ》をする。

私が撮影させてもらったそねったんの坂本家は奈良県三郷町に住み、先祖は徳川時代の宝暦十二（一七六二）年に神祇管領長から巫女の裁許状を受けていた家柄で、先代までは託宣もあった。

「いち」とよばれる巫女は近畿地方から九州にかけて、広くいる。折口は大正十年夏、沖縄の帰路壱岐島に寄った。そこでは巫女のことを「いちじょう」という。「弓をたたいて神寄せをしてから百合若を語る」と、壱岐島に伝わる説経節をいちじょうから聞いている［一八・262・263］。

1

1：そねったん　町や村の人たちから「そねったん」と親しくよばれている村祭りの巫女、奈良県の坂本家は宝暦年間（1751-64）以来、娘、嫁によって巫女の家系をつないできた。奈良県三郷町

2：湯立て　そねったんの大切な神事は湯立てである。祭りを始めるにあたって釜に湯をわかし、その湯気で祭場を潔める。

3：剣の舞　秋祭りに剣で祓の舞をおこなう。奈良県川西町糸井神社

福島ののりわらと審神者《さには》

旧暦十一月十八日の丑《うし》三つ時は神秘に満ちている。福島県福島市松川町金沢では厳寒の夜中に水垢離をすませた行列がわら靴をはいて羽山に登っていく。先頭は松明の火、つづいて審神者役の神主、羽山の神が憑くのりわら、それに神の祠への燈明、御神体の御幣を捧げ持つ人たちである。

頂上にたどりつくと、羽山の神の祠を背にしてのりわらが坐る。審神者が脇に着く。その面前に神に問いかけをする白衣の村人二人が平伏する。

審神者がのりわらの耳元で鈴を鳴らしているうちに、顔に御幣を押しつけていたのりわらに羽山の神が憑いて、ぶるぶるとふるえだす。村人が来年の天候や五穀、野菜、蚕などの出来具合を訊ねる。そのたびに審神者がのりわらの耳元で鈴を鳴らすと、のりわらはやっと聞きとれる小声で一言だけ、「四分」とか「六分」と答える。火災、水難、霜害なども聞きとどけて告げると、村人は手帖に記録していく。折口が託宣について「人間の問ひに対して、一言主神《ひとことぬしのかみ》の様な方法を採るものもあった」と、国文学の発生（第一稿）の中でのべているのは、このことだろう［Ⅰ・72］。

夜の明ける頃、のりわらをかこむようにして村人は晴れ晴れとした顔で羽山を降りていく。

上：羽山では「のりわら」が神の祠を背後にして坐し、御幣を顔に押しつけて神懸かりする。のりわらの託宣を審神者《さには》（神官）が聞きとり、村人に伝える。福島県福島市松川町金沢

下：羽山ごもりの行列　旧暦11月18日の真夜中、羽山にのぼって「のりわら」の託宣をきく村人。

源氏物語

「いづれの御時にか、女御、更衣あまたさぶらひたまひける中に、いとやむごとなき際にはあらぬが、すぐれたまふありけり」（「桐壺」）

源氏物語五四帖の書始めは、文字と文字がふれあえば玉とひびきあふほどの美しさ。

折口信夫は大正十三（一九二四）年から歿する前年の昭和二十七（一九五二）年まで、國學院大學と慶應義塾大学で源氏物語を開講し、三十年間に及んだ。

折口はその講義の中で、古代から平安時代に伝承されている宮廷での生活と信仰をくりかえしのべている。国の王たる者は自国を栄えしめたるためには他国の神々の力も自国に併せ持つことによってなされる。それには様々な国の最高の巫女を妻として迎え入れることだ。それぞれの国力と祖霊を背負って宮廷に入ってきた神の嫁たる巫女を取り合わせよく幸福にし、円満な共同生活で宮廷という広い家庭を構えて多くの子孫を持ちつづけることが国の繁栄になるという考えの時代であった［一六・229-230］。

折口は神話では大国主命、歴史上の人物では仁徳天皇を例にあげて、「いろごのみ」という大和の王の持つべき心くばりをのべている。江戸文学の中の「好色」とは全く異なった道徳であることをくりかえし伝えている。

1：葵祭の斎王代　下鴨神社で御禊《ごけい》の儀式を終えられた斎王代。おすべらかしの髪に金色の櫛をさし、十二単衣に小忌衣《おみごろも》をはおる。両脇に童女《わらわめ》が仕え背後に女官たちが居並び、王朝風俗を再現する。京都市左京区

2：車争い　葵祭の行列には挿頭《かざし》の葵をつけた牛車が出てくる。源氏物語の「葵の巻」車争いに出てくる牛車も見物の人たちも葵を襟元につけていたであろう。

3：紫式部の家　住んでいた家は、京都御所東側にある廬山寺境内が邸宅址として、昭和40（1965）年に顕彰碑が建った。京都市上京区

4：紫式部の像　石山寺には紫式部が源氏物語を書き出した寺として「河海抄」にあり、紫式部像がある。滋賀県大津市

5：紫式部源氏の間　石山寺本堂脇の小部屋にこもって、紫式部は寛弘元（1004）年源氏物語を書きだしたと「河海抄」が伝えている。

3

4

5

紫式部と光源氏

千年間も読みつづけられて来た源氏物語の著者は「紫式部」という女房名であったが、その本名はわかっていない。生歿年も推定では天延元（九七三）年頃生まれ、寛仁三（一〇一九）年の正月までは存命していたという。歿年はわからないが、北区紫野雲林院町に墓があり、「源氏物語」の世界で今も生きているといえよう。

住んでいた家は京都御所東側の中川とよばれるあたりで、現在の廬山寺の境内が邸宅址として、昭和四十（一九六五）年に顕彰碑が建った。紫式部はこの邸宅で生まれ、結婚生活を送り、一人娘を育て、源氏物語を執筆したのであろう。

源氏物語の主人公は桐壺帝の第二皇子で、母は桐壺更衣である。主人公が三歳の時母を亡くした。八、九歳の頃、桐壺帝の配慮により、臣籍に降下し、「源氏」という最高の姓を賜った。第二皇子が「光源氏」となったのである。「光る」とは光り輝くという動詞で、従って「光源氏は『美しい、臣籍降下の王子様』と言ふ位の意味を、人々がはっきり受け取っていた」と折口は記している〔一六・222〕。

滋賀県大津市の石山寺に行くと、本堂の脇に「紫式部源氏の間」というのがある。中宮彰子から物語を新作せよと命ぜられ、紫式部はこの部屋にこもって明月の夜に源氏物語の発想を得たという。あるいは「須磨・明石」の二帖を書きだしたともいわれている。それは十四世紀にできた『河海抄』（四辻善成著）という源氏物語の注釈書に出ている話である。

源氏物語に造詣深い秋山虔は「折口源氏の視座」の中で「折口氏の眼と心は、源氏物語を古代の側から見、感じている。もはや現代人にとって追体験の不可能な古代生活のなかに視座を設ける折口氏は、古代文学として源氏物語を見すえる。とともに、現代の文学眼にも呼応するほどに古代を超克するその達成をも難なく見透かす」と、卓見をのべている（折口信夫全集ノート篇第十五ノ一一月報、昭和四十六年）。

須磨

光源氏が数え年二十五歳の時のことである。右大臣の娘朧月夜《おぼろづくよ》の君は桐壺帝の第一皇子、つまり光源氏の兄の朱雀院との結婚の予定があった。ところが光源氏は朧月夜にも、いつものいつくしみの度がすぎて、彼女と几帳の中にいるところを、父の右大臣にのぞきこまれてしまった。右大臣の娘で、朧月夜の姉である弘徽殿はびっくり仰天、「せっかく皇太子（後の朱雀帝）のもとにあがる筈なのに何たること」と。これにより光源氏は流謫《るたく》の身となった。自ら須磨に下向し、わび住まいをする。

源氏物語には人それぞれの読み方があって「須磨返り」という言葉がある。全巻は読み通せなくても、「須磨」、「明石」まで読めたらさよならをすることを言う。その「須磨」が源氏物語最高の名文と言われている。朗読してみよう。

「須磨には、いと心づくしの秋風に、海はすこし遠けれど、行平の中納言の、関吹き越ゆると言ひけむ浦波、夜々はげにいと近く聞こえて、またなくあはれなるものは、かかる所の秋なりけり。御前にいと人少なにて……」とつづく。この名文を折口も「小説戯曲文学における物語要素」の中に取りあげている［四・214］。

折口は源氏物語の中の「須磨」から次の「明石」の巻が、「貴種流離譚《きしゅりゅうりたん》」に符号することをのべている。「貴種流離譚」とは折口が日本の神話や古代文学の中から発見した物語に名付けた文学の形式である。それは天上界で罪を犯した幼い神が人間界に流れこみ、辛苦を味わった後、死に至り、神の世界に転生する神話を原型としている。その変化として、人間界の高貴な身分に生まれた皇子や姫君が罪を犯して都を離れ、地方をさすらい、辛苦の果てに人生を終えるもの、または幸福によみがえる者の物語である。折口は源氏物語の主人公源氏の君が須磨、明石の辺境をさすらっての後、宮廷にもどる生活を「貴種流離譚」と指摘している［四・196－216］、［五・118］。

須磨の浦波　秋になると源氏が夜ごとに聞いたであろう須磨の波の音、折口は「須磨」により光源氏の貴種流離譚を見出した。兵庫県神戸市須磨区

須磨の関跡　平安時代の摂津と播磨の国境に設けられた関所跡で、今は関守稲荷神社がある。「須磨」に「関吹き越ゆると言ひけむ浦波」と出てくる。兵庫県神戸市須磨区

明石

光源氏は須磨でのわび住まいが一年ほどたった三月の激しい雨の夜中、亡くなった父上の桐壺帝が夢に現れお立ちになり、「住吉明神のお導きにより、早舟を仕立ててこの浦を出よ」とおっしゃって消え去った。

夜が明けると、須磨の浜辺に小舟が漕ぎよせてきた。それには前播磨守の明石入道が乗っていて、「住吉明神の夢のお告げで、お迎えにあがりました」とのべる。源氏は先帝の夢の住吉明神のお告げを思い、お伴の者と明石入道の舟に乗った。

明石の浜に着くと、明石入道は源氏の御座所《おましどころ》を用意していた。ある日明石入道は「自分は田舎者だが、父は都で大臣までなった。娘を都の高貴な方に嫁がせたい」と心中を語った。その娘は源氏の出した手紙の返歌もすぐれていた。娘はやがて源氏と琴を合奏するようになった。

年が改まって、宮廷では逆境に沈んでいる源氏を赦免して都に呼び戻そうという動きになり、遂に源氏召還の宣旨が下った。明石での別れの宴に源氏は琴を一曲ひき、「一節だけでも、せめて」と娘の琴を望んだ。その時源氏は娘がすでに懐妊していることを知っていたのである。

二年数か月ぶりで京都に帰還した源氏は宮廷生活にもどり、二十八歳で権大納言に昇進する。

源氏は最愛の紫の上の諒解をとりつけて、今は一女の母になっている明石の君を都へ招き、郊外の大堰に住むことになった。その後、明石の君の娘は紫の上に引きとられて、立派な家柄の姫として育てられる。「梅枝《うめがえ》」の巻では源氏三十九歳、明石の姫君は十一歳で、十三歳の皇太子のもとに入内することになった。十数年前、明石入道が源氏に語った、一大野望が叶えられたのだ。一方源氏は「藤裏葉《ふじのうらば》」の巻では準太上天皇という、臣下では最高の待遇を受けることになったと記され「貴種流離譚」はめでたし、めでたしの結末となる。

さて、源氏が宮廷に戻ってから忘れられてしまったあの鼻先の紅い一人の女性「末摘花《すえつむはな》」はどうしていたであろうか。「蓬生《よもぎう》」の巻によると、十年も前に源氏のつげた一言を信じて、荒れ果てた旧邸のなかで源氏が再び訪れてくるのを待ちつづけていた。末摘花の心根に感動した彼は、自分を悔い、彼女を二条東院に引きとり、静かに安らかに暮らさせた。

源氏は須磨、明石の「貴種流離譚」の生活から苦しみに耐えて生き、人間として向上していく過程を学び、一人の女性をも不幸にしない「いろごのみ」の徳をわきまえるようになっていた。折口は「反省の文学源氏物語」の中にそのことを書いている〔一五・299－310〕、〔一六・228－229〕。

1：明石の遺跡　虚構の物語に源氏が明石の君の「岡辺の館」へ通ったという「蔦の細道」が無量光寺のすぐ近くにある。解説板まで立ててある。兵庫県明石市

2：明石入道の碑　明石入道の浜辺の館近くにあり、明石城主松平忠国が建立した。兵庫県明石市

1

2

説経節

仏教の経典の中の説話やお寺の縁起を物語にして民衆に聞かせる説経節の語り手が中世の頃から巷に現れてきた。聖《ひじり》とよばれて旅する宗教者や山伏、盲僧、巫女の熊野比丘尼《びくに》たちであった。

物語は神や仏が人の世に生まれ、苦難と悲しみの生涯を終えた後、神仏の世界に転生する。説経節の聞き手の民衆は、来世への転生を聞くことによって、自分たちの今のつらい暮らしに救済感を持ったのである。

折口信夫はこの説経節の中に、わが国の文学の原型となる「貴種流離譚」を見出した。小説の源氏物語よりも説経節や浄瑠璃の世界に一層濃厚に伝えられていることを語っている。

折口が論考している説経節の「愛護若《あいごのわか》」[二・293-316]、「信太妻《しのだづま》の話」[二・253-292]、「小栗判官《おぐりはんがん》」[二・321-347]にはくわしく取りあげられている。なお、説経節「信徳丸」については本書「四天王寺と俊徳丸（信徳丸とも）」（本書10－11頁）を見ていただきたい。

愛護若 [二・293-316]

嵯峨天皇の時代（八、九世紀）を舞台とする物語である。二条蔵人前左大臣清平の家には「刄《やいば》の太刀《たち》」と「唐鞍《からくら》」という宝物が伝わっていた。清平夫妻は子どもに恵まれず、奈良の長谷（初瀬）観音に詣って祈願し、男の子が生まれた。名前を「愛護若」といい、父母の寵愛を受けて育ったが十三歳の時母が死んだ。父の清平は後添の妻を迎えた。その継母が愛護若に恋文を送るようになった。愛護若が拒絶すると継母は彼を恨み、家宝の太刀や鞍を人に頼んで売らせた。清平には愛護若の仕業と伝えた。清平は「前代未聞の曲者」とわが子を桜の古木に吊りあげてしばった。死んで冥途に行った実母がそれを知り、いたちに姿をかえてこの世に現れて縄を喰い切り、比叡山にいる神のお使いの手白の猿とともに愛

護若を助けた。父のもとには戻れない愛護若は比叡山中に踏み迷い、木の根を枕にして苦難の旅を続ける。粟津の庄まで来ると、田畑之介兄弟に出会う。二人は愛護若が公達の一人と知ると、柏の葉に粟の飯を盛りあげてもてなした。田畑之介に別れた後も愛護若は垣根になっている桃の実一つを取ろうとして、その家の老婆に杖で打たれ、麻の畑にかくれると老婆はそこまでも追いかけてきた。毎日、毎夜、このような苦しさと悲しみが続き、この世に絶望した愛護若は霧降《きりゅう》の滝へ身を投げて、十五歳の人生を終えた。その知らせを聞いた比叡山延暦寺の大僧正は、後に愛護若を山王権現として日吉大社に祀ったといわれる。

1：長谷寺　説経節「愛護若」には「初瀬山の観世音」の名で出てくる。「子だねが授かる」ことでよく知られ、左大臣清平夫婦は7日間こもって詣り、愛護若を得た。桜の名所でもある。奈良県桜井市

2：手白の猿　手と、足の毛の白い猿が比叡山に棲み、日吉大社の神のお使いとされて絵馬に使われている。説経節では木に縛られた愛護若を助ける。ミャンマー、タイ、スマトラには実物が棲息している。滋賀県大津市

3：粟津の御供《ごく》　日吉大社の山王祭で、琵琶湖上で迎える神輿をのせた船に粟津神社からさしあげる粟飯の御供。滋賀県大津市

4：粟津の飯　天武天皇が琵琶湖上の小舟で粟の飯をいただいた古事にならって、説経節の愛護若も貴人として山や湖の珍味にかこまれた粟津の飯のもてなしを受ける。

5：唐崎の一つ松　唐崎神社の境内にそびえている松、説経節に「愛護志賀唐崎の一つ松と呼ばれよ」と語っている。滋賀県大津市

1：日吉大社の拝殿　日吉大社西本宮に祭日におかれてある7基の神輿。滋賀県大津市

2：霧降《きりゅう》の滝　飛瀧《ひりゅう》の滝ともいう。日吉大社境内にある。高さ約2丈(約6メートル)、説経節では愛護若が15歳で身を投じ「むなしくなり給う」と記されている。

日吉大社は比叡山延暦寺からは「山王権現」とよばれ、現在でも山王一実神道の総本社である。

愛護若が「志賀唐崎の一つ松」といった松は琵琶湖畔の唐崎神社境内に「霊松」となって、形よくそびえ立って見える。

粟津庄で田畑之介兄弟から愛護若は粟飯を御馳走になった。その粟飯は七世紀頃、天武天皇が小舟の上で地元の漁師から献じられたとの伝承がある。今も日吉大社山王祭の四月十四日に、琵琶湖上で小舟が七台の神輿に粟飯の御供を献じる儀式がおこなわれている。

愛護若が入水した霧降《きりゅう》の滝は日吉大社境内にある高さ二丈（約六メートル）ばかりの飛瀧《ひりゅう》の滝のこと。愛護若を救った手白の神猿は絵馬にその姿をとどめている。このように比叡山、日吉大社と愛護若の物語はつながりが深く、その中で折口は貴種流離譚の原型を見出したのである。折口は「唐崎の松を中心に日吉・膳所を取り入れて語るのは、江州高観音といわれている近松寺《ごんしょうじ》（滋賀県大津市逢坂）を中心に説経師が集まっていたことによる」とのべている［三・293］。

信太の森　聖《ひじり》神社境内にあり、昔は野狐が棲んでいたという。また、聖神社と親しい信太森葛葉稲荷神社の由来を語る物語の「信太妻」が生まれた所でもある。大阪府和泉市

信太森葛葉稲荷神社境内の歌碑「恋しくばたづねきて見よ和泉なる信太の森のうらみ葛の葉」の歌碑が建っている。

信太森葛葉稲荷神社境内には葛の葉が姿をうつしたという姿見の井戸がある　大阪府和泉市

信太妻《しのだづま》【二・253－292】

村上天皇の時代（十世紀）に摂津国安部野（今の大阪市）に住む安倍保名《あべのやすな》には、狐狩に追われた牝狐をかくまい逃がしてやったという物語がある。その帰り道に、一人の女人が川辺で水を汲もうとして水中に落ちたところを、保名が救い出した。「葛の葉」という名の女人はその縁で、保名の妻になった。やがて生まれた男の子は安倍童子《あべのどうじ》とよばれて育った。

安倍童子が七歳になった日のこと、保名の留守中に葛の葉は庭に乱れ咲く菊の花に見とれていた。あまりの美しさに我を忘れ、顔が狐になり本性の姿をあらわしてしまった。そこを安倍童子に見られた。彼女は以前川で助けられた牝狐だったのである。葛の葉は人間の世界に住むのはこれまでと思い、障子に「恋しくば、たづねきて見よ、和泉なる信太の森のうらみ葛の葉」と歌を書き、森の中へ消えていった。

安倍童子は帰って来た父親と信太の森へ母親を探しに行く。姿をあらわした牝狐はわが子に黄金の小箱を与えて再び森の中へと帰っていく。箱の中には水晶の玉が入っていた。その玉を耳にあてると、鳥や獣のなき声が人間の言葉になって聞こえてくるのだ。童子が十歳になった時、二羽の鳥が「京の都で帝《みかど》が御病気になられた。それは御殿の柱の下に蛇と蛙が生き埋めにされて戦っているからだ。その毒気が帝の御病気のもとだ」とさえずりあっていた。

安倍の親子は京の都にのぼり、御所で帝の御病気の原因を申し上げた。御所の木工頭《もくのかみ》がその柱の下を掘ってみると、果たして蛇と蛙が出てきた。帝はたちまち御病気が治り、安倍童子は五位のお位をいただいた。それからは京都で陰陽学を学び、安倍晴明と名乗り、後には日本一の陰陽博士になった。

現在は京都市上京区堀川通の晴明神社に祀られている。晴明が呪術に使った式神をかくまっていた一条戻橋はすぐそばにある。

葛の葉・二度の子別れ　信太の森の鏡池史跡公園で秋におこなわれる地元の人の「葛の葉物語」の芝居。大阪府和泉市　信太の森歌舞伎公演

安倍晴明は実在の人物か

「尊卑分脈」という十四世紀の室町時代にできた家系を記した歴史書によると、安倍晴明は先祖の右大臣安倍御主人《みうし》から九代目の大膳太夫安倍益材《ますき》の子で、生まれた年は不明だが寛弘二（一〇〇五）年に八十五歳で死んだことがわかっている。平安時代の藤原道長（九六六―一〇二七）や紫式部と同時代の実在の人物である。

　その彼がどうして牝狐から生まれたことになったのだろうか。折口信夫は説経節という物語のそこに関心を持った。

　昔、野狐が棲んでいたという信太の森は、現在では大阪府和泉市王子町の聖《ひじり》神社の境内になっている。江戸時代まで聖神社には陰陽師たちがいて、暦を作って売りさばいていた。その時、聖神社と親しい信太森葛葉稲荷神社（大阪府和泉市葛の葉町）に伝わる信太妻の物語を説経節にして伝えて巡っていたことが「説経節」（荒木畝、山本吉左右著、平凡社東洋文庫）にのべられてある。陰陽師の語る信太の森の物語には人と狐の異類婚姻譚だけでなく、夢占い、験《げん》競べ、動物の言葉のわかる聞き耳物語などの民間説話を組み合わせて、説経節ができあがっていった。漂泊の布教者の口から生まれた説経節が浄瑠璃に取り入れられ、楽器に三味線を加え、人形芝居になった。さらに竹田出雲が全五段の舞台芸術「芦屋道満大内鑑《あしやどうまんおおうちかがみ》」の歌舞伎にして初演したのは寛文二（一六六二）年のことだった。折口は「信太妻の話」の中で、民間信仰の伝承から舞台芸術になるまでの数百年間に多くの物語の作られていたことをくりかえしのべている。

1：晴明神社　安倍晴明を主祭神とし、平成9（1997）年に鎮座一千年を迎えた。京都市上京区

2：安倍晴明画像　阿倍王子神社蔵。大阪市阿倍野区

3：一條戻橋　京都市上京区晴明神社の境内にある石橋、かたわらに式神の石像がある。

1：小栗判官祭　戦国時代に小栗一族の居城が筑西市の北部、小貝川畔から望見される丘の上にあった。筑西市では平成元（1989）年から史跡を町おこしとして、「小栗判官祭」を毎年12月第1日曜日におこなっている。小栗判官、照手姫、十勇士はじめ300人の武者行列がある。茨城県筑西市

2：小栗判官祭の幟

小栗判官

三条大納言の息子有若は鞍馬毘沙門の申し児で元気に育ち、横笛の名手だった。元服して母親の故郷に縁のある常陸の小栗判官と名乗った。京都の深泥《みぞろが》池の畔で契った美女の本性が大蛇とわかり、都を追い出され常陸の国へと流された［三・321－347］。

相模の国の代官横山家の照手姫が美しいと聞いて、小栗判官は早速ラブレターをだした。照手姫もこの積極的な若者を好ましく思うのだが、おさまらないのは横山家の父親と五人の兄弟。婿入りに来た小栗判官に「人喰い馬」といわれる荒馬をあてがう。馬に乗った小栗判官は八丁の萱野を駆け巡った後、碁盤の上に馬の四足を揃えて乗り上る見事さ。

兄弟は次の手を考え、宴会に招く。不老不死の酒と偽り、毒酒をつぐ。十人の家来はほどなく倒れ、小栗判官も腰の刀が抜けないほどに毒がまわり、二十一歳で一期となった。

冥土に落ちた小栗判官は閻魔大王に裁かれる。十人の家来は火葬、大将格の小栗判官は生前歴を胸札につけ土葬となった。

藤沢に葬られて三年後、塚が四方に破れて、娑婆の風が吹きこんだ。すると小栗判官は餓鬼の姿になって蘇った。遊行寺の御上人が見つけて胸札を読むと素性がわかった。

和歌山県の熊野本宮へ土車《つちぐるま》に乗せられて運ばれる

3：深泥池《みぞろが》の場　小栗判官は京都の深泥池に棲む大蛇の化けた美姫に出会う。神奈川県藤沢市花應院蔵
4：小栗の騎馬　横山家に押入った小栗判官は荒馬を碁盤の上に4足そろえ、乗りこなしてみせる。
5：横山家の毒殺からよみがえった小栗判官は餓鬼阿弥となり、土車に乗せられて熊野本宮へと向かう。
6：小栗判官のスライド講演　花應院では地元の人が8月16日に、小栗判官の物語を講演している。

1：土震塚　毒殺された小栗判官は閻魔大王の計らいで、冥土から塚を割って地上に生き返る。その伝承の土震塚が今もある。神奈川県藤沢市
2：熊野のつぼ湯　餓鬼阿弥が入湯した温泉小屋、7日入れば両眼があき、14日入れば耳が聞こえ、49日で、もとの小栗判官の体になったと説経節は語る。和歌山県田辺市
3：八幡神社　以前は美濃墨俣の「正八幡宮」といわれ、小栗判官も祭神の1人となっている。岐阜県大垣市
4：結《むすぶ》神社　縁結びに御利益がある神社として昔からよく知られ、照手姫は小栗判官と結ばれることを祈り、願いがかなえられた。岐阜県安八町

ことになる。伊勢へ、熊野へと詣る者たちが「一引き引いては千僧供養、二引き引いては万僧供養」と唱えて餓鬼阿弥になった小栗判官を運んでいく。箱根の山坂を越え、大井川を渡って美濃の国青墓《おうはか》の宿場についた。

一方照手姫の方は生家を追い出され、人買の手を経て「常陸小萩」と名を変え、美濃の国青墓の町の万《よろず》屋《や》で水汲みの下女をしていた。五日の暇をもらい、変わり果てた御本人だとはわからず毒殺された小栗判官への功徳と思って土車を引く。土車は四百四十四日目に熊野の湯の峯に着いた。餓鬼阿弥は温泉のつぼ湯に七日入れば両眼が開き、四十九日入れば六尺二分の元の小栗判官の体にもどった。そこで、熊野本宮に詣り、帰り道で青墓の照手姫に会い、共に常陸の国に戻って八十二歳で大往生をとげたと伝えられる。末世の衆生は小栗判官を美濃安八郡の正八幡宮（現八幡神社）に、照手姫を結《むすぶ》神社に祀り、説経節では神々の御本地を語り伝えているのである。

説経節「小栗判官」は折口にとっては「よみがえり」の物語である。『餓鬼阿弥蘇生譚』〔二・321-331〕、『小栗外伝「餓鬼阿弥蘇生譚の二」魂と姿の関係』〔二・332-347〕、『小栗判官論の計画「餓鬼阿弥蘇生譚」終編』〔三・425-447〕にいずれも「蘇生譚」という題名を使い、生命再生産途上の「餓鬼」の姿をくわしく盲僧や巫女に語らせている。また、大正、昭和初期に翻訳されイギリスの民俗学者ゴムやバーンの民俗学の著書の中の「ライフ・インデックス」という民俗用語を使って人間の生命の生存が他の動植物の霊魂の指標からくる信仰のあることを取り上げ、その立場からも説明している。

一方、中世には仏罰を受け土車に乗せられて引かれて行く者の綱を引くことによって、「わが身のこの世での罪業を消してゆくことになる」という信仰があったのだ〔二・330〕。

説経節の現在

中世にかたられていた説経節は、現在、埼玉県横瀬町・東京都板橋区・八王子市・奥多摩町河野地区、さらに佐渡島（古浄瑠璃時代からのもの）などに伝承されている。

現存する説経節の主流は、江戸時代の寛政年間（十八世紀末）に薩摩若太夫が一人遣いの人形繰りをともなって、よみがえらせた。初代は江戸時代の住人だったと言うが、埼玉県入間郡（現代の狭山市）や八王子に弟子がうまれ、東京西部に地盤ができていった。その中から、説教を基本に車人形が育ち、現在の西川古柳座（国記録保存）へ引き継がれた。薩摩派は説経節の会が伝承活動をしていて、東京都指定文化財として、十三代薩摩若太夫を中心に独特の郷土芸能になっている。

明治後期から昭和にかけて、板橋宿の五代目薩摩若太夫の系統をひく若松若太夫は舞台やレコードで人気を博し、一世を風靡した。現在の若松若太夫（埼玉県狭山市在住）は板橋区を中心に説経浄瑠璃を三味線で弾き語り、東京都と板橋区の無形文化財になっている。

作家水上勉（一九一九―二〇〇四）は、福井県若狭地方で子どもの頃、祖母に連れられて瞽女《ごぜ》の語る説経節を村の阿弥陀堂で聞いたという（水上勉著『説経節を読む』、岩波現代文庫）。水上が現代語に訳した「五説経」を、東京都小金井市のよこやま光子が古体の口調を失わず語って聞かせる。舞台では破れ傘を背にして、むしろの上に立ち、ささらをすって語るのである。彼女が語りだすと、ファンの女性たちがまわりをとりまいて聞きいっている。今では説経節は東京都北西部および埼玉県の郷土芸能として定着している。

折口は昭和十八年十一月、八王子の車人形を見学に行っている（「折口信夫手帳」118頁）。

1：第13代薩摩若太夫
東京都八王子市
2：3代目若松若太夫
埼玉県狭山市
3：よこやま光子
東京都小金井市
4：4代目西川古柳の
演じる車人形の
「三番叟」
東京都八王子市

中世の芸能と祭り

折口信夫全集の年譜によれば、昭和九（一九三四）年十一月一日の欄に「東北旅行に出発」とある〔三六・83〕。同行者は北野博美、西角井正慶、波多郁太郎、本田安次の四名。仙台で講演の後、岩手県平泉で「延年の舞」、翌日は早池峰《はやちね》で「山伏神楽」を見学したことが記されてある。同行者の本田安次の著作『日本の伝統芸能・第二巻、第三章山伏神楽・番楽』（183頁）に「折口先生を早池峰神楽に御案内したのは、昭和九年十一月二日であった」との記述に符合している。いずれも祭礼の日ではなかったので、この四人のために特別に演じてもらったのであろう。

毛越寺の延年

平安時代の末から室町時代にかけて、奈良や京都の大寺院では法会後の宴会に「延年」をおこなった。「延年」とは長生きをして幸福を願うことだが、中世の寺では宴会後に僧たちがおこなう余興の芸能大会をいうようになった。近世にはすたれてしまったが、中世に都から奥州路へと運ばれていったこの古典芸能を岩手県平泉町の毛越寺では今も伝えている。

折口は「延年」が「能」にかかわりのある芸能として注目していたのである〔二・337〕。

毛越寺では一月二十日が正月行事の修正会の最後の日で、常行堂で「延年」をおこなう。この日は常行堂の守護神である摩多羅神《またらじん》への祭儀をおこない、夕刻から内陣を片付けて、「延年」の舞台になる。

まずはじめに「呼立」の行事。二人の僧が向かい合って立ち、一人が祭壇の阿弥陀如来像の方をむいて「一和尚《くわんしょう》、二和尚《わんしょう》、三和尚《なんしょう》、下流新入《げりゅうしんにう》にいたるまで」と呼びあげると、僧の中から笏拍子が三つ打ち鳴らされる。そして「延年」は始まる。

実は江戸時代の天明六（一七八六）年に毛越寺で延年を見た菅江真澄がこの「呼立」の声を聞いて「霞

む駒形」という紀行文に書いている。今も全く同じようにおこなわれているのだ。

舞台は「田楽躍り」となる。太鼓三人、びんざさら三人、それにしってて、銅《どう》ばっ子《し》、笛方、全部で九人が躍る。太鼓役とびんざさら役はくるみの木を削って網代《あじろ》に組んだ四角形の笠をかぶる。びんざさらは一〇八枚のうすい板を重ねてひもで貫ね、振り鳴らす。太鼓は直径約五〇センチの円型の枠に和紙を貼った物で、六人は活発に飛び跳ねて躍る。

舞台が静まると、「祝詞《のっと》」が無言で登場する。極寒の冬にお椀形の頭巾をかぶり、突き出た鼻高に切れ顎の翁面、蜜柑色の袍のような上着に浅黄の切袴姿。祝詞は昔から重要な役で、右手に御幣、左手に数珠をかけ、ひそかに口の中で呪文を唱える。摩多羅神への御本地を説き、「延年遐齢《かれい》」を念ずるのである。

続いて出てくるのは「老女」、白髪に老女面、水干《すいかん》に下袴を着け、扇と鈴を持っている。よろめきながら摩多羅神を拝み、老いてなお生きる執念を示している。

打って変わって「若女《じゃくじょ》」の登場、金色の風折烏帽子、水干を着け、扇と鈴を持って舞めぐる。昔鎌倉から下って来た巫女の姿である。それに禰宜がからみ、「八十世代の宮仕へ」と唱えあい手拍子を打って去る。

その他稚児の舞の「花折」、「京殿の舞」、「留鳥」、「卒塔婆小町」、「姥捨山」などがある。折口はそれらの演芸の中に、能に移りかわっていくもとの形を見出したのであろう。

1：常行堂　摩多羅神を祭る祭壇、お供えの花御膳が美しく飾られてある。この前が舞台になり延年がおこなわれる。岩手県平泉町

2：田楽躍り　びんざさら3人、太鼓3人、それにしってて、銅ばっ子、笛方1人づつ、計9人が躍り演じる。

3：祝詞《のっと》　鼻高の不思議な仮面の祝詞が右手に御幣と鳩杖、左手に数珠を持つ。口の中で「息災延命、千秋万歳」の秘文をひそかに唱える。

4：老女　白髪を後から胸元へとたらし、腰を曲げて舞う。右手に鈴、左手に扇を持って、三段のリズムをつけて精悍な姿の足どり。

5：若女　金色の烏帽子に微笑をたたえた若女の面をつけた巫女の姿。静かに舞台をふみまわり、坂東から毛越寺を訪れてきた由来を語る。

早池峰《はやちね》の山伏神楽

折口信夫が始めて山伏神楽を見たのは昭和五（一九三〇）年、明治神宮鎮座十周年の時、東京の日本青年館で山形県から来た比山番楽であった。昭和九（一九三四）年には東北旅行の折に、本田安次の案内で早池峰（岩手県花巻市大迫《おおはさま》町）を訪れ、大償《おおつぐない》神楽を見た。その夜は別当宅に泊まり、お礼心に歌を詠み、贈った。「山のかみも　夜はの神楽にこぞるらし　まひ屋の外の闇のあやしさ」［二五・380］、その掛け軸が今も別当宅の床の間にかかっている。そして昭和六十二（一九八七）年には別当宅の前庭に歌碑が建った。

早池峰には岳神楽もあり、大償とは兄弟神楽といわれている。健脚の折口は四里の山道を登って岳神楽も見学している。

早池峰神楽は長享二（一四八八）年に始められたと伝えられているから、五百年の歴史がある。神楽衆は昭和四年までは冬になると門付けをして民家に泊まり、徹夜で神楽を演じていた。現在は正月や早池峰神社の夏の祭礼におこなわれている。

まず始めに鳥冠をかぶった鳥舞で舞台を清め、翁と三番叟の式舞、続いて荒舞、女舞、番楽舞など演目は五十位ある。最後の権現舞では獅子が出て、村の豊作と村人の健康を祈る。囃子は大太鼓に、手平鉦、笛。中世の山伏神楽が東北地方の農村で民衆に信仰と楽しみを与えてきた効果は大きい。

1：鳥舞　神楽の始めに舞う式舞、鳥冠をかぶった雌雄の2羽が舞めぐり祭場を潔める。岩手県花巻市大迫町
2：翁舞　鳥舞につぐ式舞、白式の翁面をつけ「天長地久、五願円満、息災延命」を祈って踏み鎮めをする。
3：機織　貴族の妻が機歌にあわせて機を織る美しい女舞の神楽。
4：権現舞　獅子頭である権現様をかぶり、歯打ちをして舞台を巡る。悪魔祓い、火伏せの祈祷をして神楽を終える。
5：別当家の床の間　昭和9（1934）年に折口が訪れたおりに詠んだ歌の掛軸。

幸若舞　太夫、シテ、ワキの３人が立ち並び、鼓方が後に控える。太夫が朗吟して、シテ、ワキの助吟で威風堂々とあたりを払う。福岡県みやま市瀬高町大江

幸若舞《こうわかまい》

中世の南北朝の頃（十四世紀）から、京や奈良の都で「曲舞《くせまい》」（久世舞とも）がはやりはじめた。稚児や乙女たちが水干に立烏帽子、大口袴をはき、小鼓や笛、銅ばっ子の囃子で舞い、源平の軍記物語を朗吟した。京都では祇園祭の日に、山車に乗ってきて舞うと足利将軍が見物に来たというほどの人気であった。また能役者の観阿弥（一三三三―八四）は能の中に曲舞から謡い方を取り入れ、今も「クセ」という言葉で残っている。

十五世紀になると、曲舞の中から越前出身の流派の幸若舞が生まれ、その太夫は九州の筑後柳川の城主にかかえられていった。

明治維新以後、曲舞も幸若舞もほとんど亡んでしまった。ただ現在の福岡県みやま市瀬高町大江の幸若舞のみが奇蹟のように伝承され、国指定の重要無形民俗文化財になっている。

毎年一月二十日の天満神社の祭日に、拝殿脇のわら葺き屋根の舞殿でおこなわれる。後壁に幕一枚を張った舞台では、太夫、シテ、ワキの三人が立ちならび、小鼓方一人が床几に腰を掛ける。太夫は立烏帽子に素襖姿、小刀を腰にさして中央に立ち、左右のシテとワキは折烏帽子に同じ装束で扇を手に持つ。舞がはじまると、太夫が朗吟し、シテとワキが助吟をする。演目は四二番あるが、毎年上演するのは「日本紀」「浜出」「那須与一」などの八演目である。能のように仮面をつけたり、物語の人物に仮装することはない。太夫は謡いながら長袴の前を手でおさえるようにして、足拍子をふみ舞台をめぐる。その抑揚せまらざる姿が織田信長はじめ武将に受けたのであろう。

折口信夫は「室町時代の文学」のなかで「幸若舞」が軍記物としてわかりやすかったことをのべている［一三・174-176］。

1

黒川能

折口信夫は昭和十一（一九三六）、十二（一九三九）十五（一九四二）年に三回黒川能を見ている〔三一・397-403〕。

黒川の里（山形県鶴岡市）でおこなわれる能は二月一日を正月とした新年行事で、翌二日まで王祇祭《おうぎさい》の名でおこなわれる。当地の春日神社から御神体の王祇様を黒川の民家にお招きして、そこで氏子が能を奉納するのだ。五百年余も続いて来た黒川能は黒川の里が上座と下座に分かれ、それぞれの地区の民家を祭場と舞台にしておこなわれている。

まず初めに正月の儀式舞の「大地踏み」からはじまる。扇形の王祇様の御神体の中から、五、六歳の男の子の稚児が飛び出してくる。大地に見立てた舞台の床を元気一杯にふみならし、年の始めの祝言を唱えてから能が始まる。

祭りの当屋の座敷は黒光りのする床板が敷かれ、

王祇祭の稚児　能の始めに扇形の御神体の中から稚児が飛び出し、正月を祝う祝言。山形県鶴岡市

1：黒川の里　冬には雪が積もる。現在の世帯数は約 350（人口約 1500）、この人たちが 5 百年伝統の黒川能を今も支えている。
2：翁舞　大ろうそくの光のゆらめくなかでおこなわれる当屋の翁舞。
3：演能の「絵馬」　春日神社の拝殿でおこなわれている。伊勢皇大神宮の 2 柱の神が翁と姥の姿で現れ、絵馬を掛けて豊作を祈る。
4：祭りの引き継ぎ　春日神社での演能がすべて終わると、来年当屋になる者が王祇様の御神体の白布を首に巻き、村人の前で決意を示す。

五百匁掛け、一貫目掛けの大ろうそくがともされ、この炎のゆらめく中で「式三番」の翁舞が始まる。翁には常の翁のほかに「所仏則《ところぶっそく》」という黒川能独自の翁舞がある〔四・280〕。式三番の後に、能五番と狂言四番がおこなわれる。黒川では能は五百番、狂言は二百番以上あり、それぞれの面に装束、被り物、鬘《かつら》、小道具、楽器まで、膨大な伝承の宝物が備えられてある。演能の舞台だけでなく、宮座の頭屋になった屋敷は「座狩り」をする会議場、里人全部を招く「お振舞」の食堂も兼ねており、それも上、下の宮座で二軒あることになる。この能を支えるために里人の膨大なエネルギーが村の団結により五百年以上もつづいてきたのだ。上座と下座が互いにはげましあい、競い合う双分組織が黒川という里で連帯感を強化してきたのは見事といえよう。

京都の祇園祭《ぎおんまつり》［二・391　十七・53-54］

貞観十一（八六九）年といえば千百年ほどの昔になるが、その六月十四日に京都では住民たちを驚かす大パレードがおこなわれた。若者たちが約七メートルの長さの矛（鉾）を六六本林立させ、祇園社（今の八坂神社）を出発して神泉苑へと入って行った。「祇園御霊会《ごりょうえ》」という祭りで、夏のはじめに怨霊を京都の町に侵入させない祈祷をする。その当時は桓武天皇の遷都から七十五年ほどたち、人口がふえて川の水は汚れ、夏は疫病のはやる季節になった。一方盆地京都は非業の死をとげた御霊に取りつかれて悩み苦しむ時でもあり、お祓いの行事をしたのだ。

それが祇園祭の始まりで、行列が剣鉾を捧げ持って都の大路を進む原型は今も右京区の西院春日神社、東区の粟田神社に伝えられて折口のいう古代が見えてくる。また中京区の神泉苑では五月三日に池畔に三基の剣鉾を立てて昔をしのんでいる。

祇園祭が今日のように鉾と山の巡行を主要な行事としたのは南北朝（一三三六―一三九二）の頃からだ。室町時代（一三九二）になると、京都の商業地区に富裕階級が出来、祇園祭には五八基も山鉾が並ぶほど盛大になった。ところが応仁の乱（一四六七―一四七七）がおきると、京都の町は丸焼けになり、明応九（一五〇〇）年になって、やっと二十三年ぶりに三六基の山と鉾が揃った。その時長刀鉾に眞木《しんぎ》が建ったという［二・200-202］。当時あの山車の屋根の上にどうして二五メートルの眞木を建てたのだろうか。鉾も山も北山から来る専門の大工が現代でも釘一本使わずに縄だけで作りあげる。屋体を寝かせて組立て、長い柱を人力でかついで来て、屋根の穴に真横から差しこみ、そこで屋台に綱をつけて引き起こす。綱を引く力量が難しく、反対側に杭を立てて引き綱の案配をする。そのために現在でも四条の大通りには深さ五〇センチの穴が掘ってある。

七月十七日が山鉾巡行の日、先頭を行く長刀鉾の正面に乗っている生稚児《いきちご》が出発時に見事に〆縄を切って動きだす。これより京都から日本中の夏の疫神を祓う行事がおこなわれるのである。各鉾には総

勢四、五〇人が乗り込み、コンチキチンの祇園囃子がかなでられ、京都は夏の季節のさなかとなる。

江戸時代の天保年間までは船鉾のほか、すべての鉾に生稚児が乗っていたが、今は長刀鉾を残して人形に変わった。

京都の祇園祭は歴史の中で中絶しながらもよみがえり、二十一世紀の今日まで生きている。折口の常々言っている「依代」も「人形《ひとがた》」も「よりまし」も、祇園祭の中に凝縮して残っており、伝統文化を形作っている。

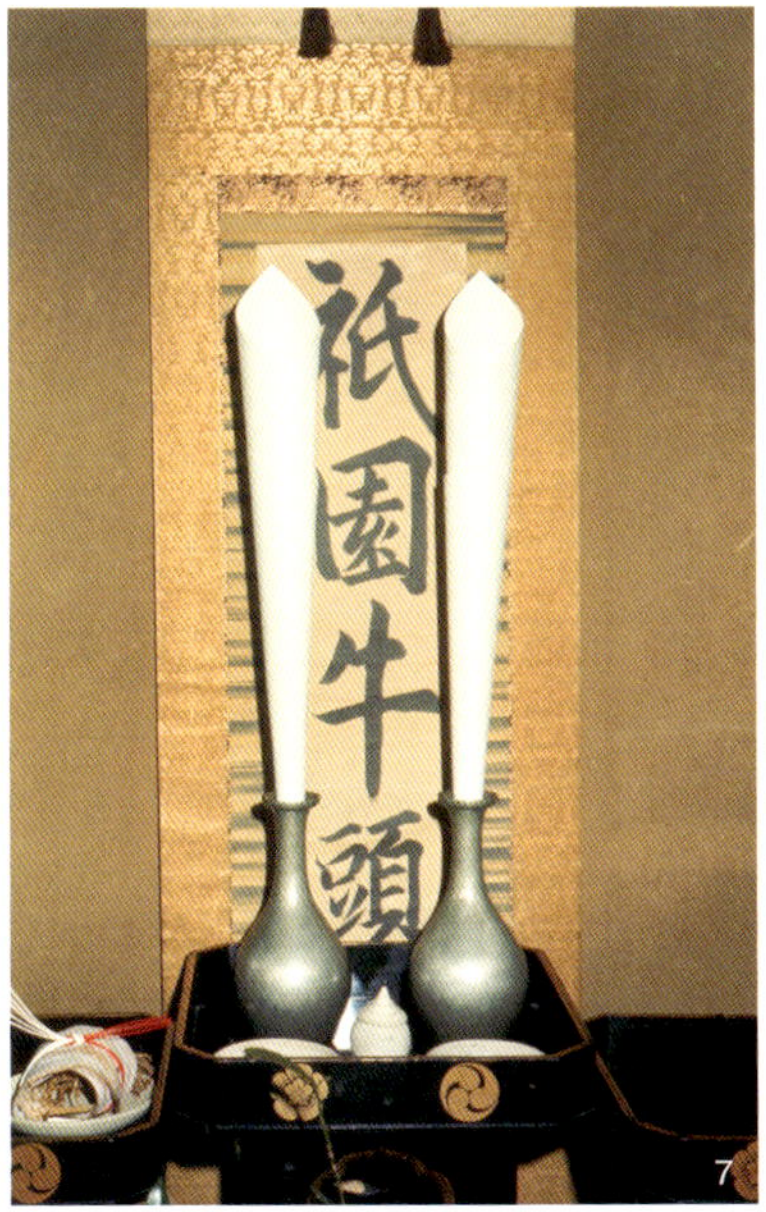

1：長刀鉾　山鉾巡行の先頭を行く。屋根の上には約 25 メートルの眞木《しんぎ》の柱を立て、その頂上に疫病祓いの大長刀をかざす。京都市

2：山には山の形の作り物をのせ、ひもろぎの常緑樹を立てる。人形を飾った山もある。かついで運ぶか車をつけて曳く。

3：鉾の巡行　貞観 11（869）年にはじまった鉾の巡行。現在でも西院春日神社の祭りでは 5 本の鉾を両手で捧げ持って巡行する。京都市右京区

4：神泉苑の鉾　貞観 11（869）年に鉾を運んだ故事にならって、現在も 5 月の神泉苑祭には池畔に 3 本の鉾を立てる。京都市右京区

5：稚児の「お位もらいの儀」　長刀鉾に乗る生稚児《いきちご》は 7 月 13 日に八坂神社で十万石の大名五位の格式の「お位もらいの儀」をする。蝶とんぼの冠に狩衣、差貫姿で、金鞍の白馬に乗って社参をする。

6：稚児の注連縄《しめなわ》切り　7 月 17 日の山鉾巡行の日には、長刀鉾の稚児が四条麩屋町角で太刀にて注連縄を切り、祭りの巡行が始まる。

7：牛頭天王の掛軸　祇園祭の会所では、インド祇園精舎の守護神牛頭天王の掛軸をかけて祭るところがある。

春日若宮おん祭

折口信夫は昭和五（一九三〇）年と昭和十四（一九三九）年に奈良の春日若宮おん祭を見学、全集には「春日若宮御祭の研究」と発表されている［三・364‐376］。春日若宮おん祭は、現在も十二月十五日から十八日におこなわれている。

十二月十六日の午後大宮の東庭と若宮の拝舎で、田楽座が正装して編木《ささら》を摺《す》る「中門口」、「刀玉《かたなだま》」、「高足」などの芸能を奉納する。編木の芸能に「中門口」とあり、中世の寝殿造りの貴族の邸宅の中門での芸態がうかがわれる［一・17］。

正月や季節祭りに外から訪れて来る芸能団はこの中門の外で祝芸をおこなうのが習わしで、後には民間の門付芸になり、折口はそれら芸能者を「巡游伶人」とよんでいる［四・90‐94］。

お旅所には十二月に入って仮御殿が作られる。松の黒木に青松葉ぶきの春日造りの神殿である。十二月十七日の真夜中に若宮からの遷幸の儀がおこなわれる。

お渡り式は十二月十七日正午からはじまる。行列の中心は日使《ひのつかい》である。平安時代に関白藤原忠通《ふじわらのただみち》の役であった時、にわかに発病し代人を立てた事に始まるという。今も関白の格式を表わして、黒の束帯に藤の造花を冠にさし、風流傘をさしかけられて騎馬でくる。

お渡り式の先頭は梅白杖《うめのずばえ》と祝御幣《いわいのごへい》の二人である。ともに赤衣《せきえ》に千早《ちはや》という白布を肩に掛け、先を長く地面に引いて進む。白い被衣《かずき》をいただいた巫女《みこ》が騎馬で続く。豊作の稲束を棒にさしてかついでくるのは荷前《のざき》である。平安時代に朝廷から神社や諸陵に稲束を献じた昔の風俗である。

1：田楽座の宵宮詣　大宮東庭で田楽の奉納。平安時代に貴族の館の中門で田楽法師がおこなった「中門口」はじめ、「刀玉」「高足」の芸能がおこなわれた。

2：刀玉《かたなだま》　田楽法師が小刀を両手に持ち、幾つも空中に投げ上げて受け取る曲芸。

3：高足　1本の棒に短い横棒をつけ、両足で乗って飛びまわる芸能。春日若宮おん祭では片足だけを横棒にのせる仕草になっている。

春日大社の朱塗りの一の鳥居をくぐった参道の南側に影向の松がある。「影向《ようごう》」とは神仏が現れることで、この影向の松には鎌倉時代に春日大明神が翁の姿であらわれたという伝説がある。

松の樹の根元に二人の稚児が頭屋児《とうやのちご》として着座している。能舞台の後座背後の羽目に老松の絵が大きく描かれているのも、神の降臨する影向の松と同じ意味なのである［二一・375］。

お旅所前の仮御殿の本祭はまず神官により神饌が献せられた後、宮司の奉幣と祝詞の奏上、つづいて日使の奉幣と祝詞の奏上、それより参列者の参拝によって祭典は終わる。

4：影向《ようごう》の松　参道の南側に高くそびえている松。春日大明神が翁の姿で現れ、舞を舞ったという伝説があり、根元に頭屋児《とうやのちご》が着座。

5：御幣奉納　お旅所祭の始めに日使《ひのつかい》が御幣を奉納、祝詞を奏する儀式がおこなわれる。

6：日使　平安時代からのおん祭参拝の代表者、黒の束帯に藤の造花を冠にさした姿。

おん祭における能を今も猿楽と古風に呼び、行列が影向の松の前まで来ると「松の下式」がおこなわれる。「それ久方の日の影は三笠の山に輝きて春日の原にみちみてり」と「開口」の発声につづいて「弓矢立合」を奉納する。その後は狂言方によって「三笠風流」がおこなわれる。

それにつづくのは田楽座である。綾藺笠《あやいがさ》をかぶり、編木《ささら》、笛、太鼓の楽器を使って、影向の松の下で「中門口」、「刀玉」、「高足」の芸を演じる。その後に来るのは馬長児《ばちょうのちご》が騎馬姿であらわれる。山鳥の尾を笠の上に立て、背中に造花の牡丹を負っている。その後には五色の笹竹を持ち、龍の造物を頭にいただいた従者が二人つきそってくる。さらに競馬、流鏑馬《やぶさめ》、野太刀、大和士《さむらい》とつづく。

1：お渡り式　先頭は「梅白枝《うめのずばえ》」と「祝御幣《いわいのごへい》」、赤衣《せきえ》に千早という白布を肩にかけ、先を長く地面に引いて、日使の前を進む。

2：巫女　白の被衣《かずき》をいただき、白馬に乗って日使の後につづく。風流傘を伴う。

3：ひで笠の上に山鳥の尾羽を立てた狩衣姿の馬長児《ばちょうのちご》。

お旅所祭が始まる前、お旅所正面の入口では「金春《こんぱる》の埒《らち》あけ」の儀式がおこなわれる。柴の木を組んだ垣に折りたたんだ白紙が結びつけられてある。それを「埒《らち》」とよび金春太夫が中啓（扇）で解いてから、祭場へ芸能団が入ってくる。「埒があく」ということわざにある儀礼である。ここにも中門の前と同じ芸能団の儀式が見られるのだ。折口はお旅所に入ってくるお練りの中で、日使のように正座につく尊者が真の「まれびと」であり、それに対してお練りの芸能団を「精霊、すぴりとに当たる者」と記している［二二・366-367］。この精霊群は埒を開けてもらってから始めて中門にあたる柵から中の祭場へはいることになる。

4：荷前《のざき》　平安時代に諸国から奉納される初穂を伊勢神宮はじめ諸陵に献じた。その風俗を伝えている。

5：猿楽　今は金春座が出仕して、影向の松の下で「開口」「弓矢立合」「三笠風流」を演じていく。

6：田楽　五色の御幣をおし立て、大きな花笠を頭上に乗せた笛役を先頭に、松の下で「中門口」「刀玉」「高足」を演じる。

7：埒《らち》あけ　お旅所入口の柴の垣根は白紙の埒で閉ざされてある。金春太夫が中啓（扇）の先で埒の結び目を解くと、芸能団はお旅所に入場できることになる。

お旅所の芝舞台では舞楽の鼉《だ》太鼓が鳴りひびき、「社伝神楽」、「東遊《あずまあそび》」、「田楽」と続く。田楽は前日の大宮の東庭での「中門口」、「刀玉」、「高足」に加え、「もどき開口」「立合舞」を奉納して去る。

　すると、真白い麻の浄衣を着けた六人の舞人が足音もなく芝舞台へ上がってきた。細男《せいのお》である。白布で顔をおって下にたらし、目元があいているが表情は全くわからない。闇の中から笛がひびき、小鼓がぽんと鳴った。すると、舞手の二人が片袖をかかげて顔をかくし、前かがみになり四、五歩進むかと思へば二、三歩後へ下がる。今度は両袖で顔をかくして前へ、後へと動く。舞とは思えない、精霊のうごめきに見えてくる。鼓打ちが大きく腕を振りあげ、裂白の勢いでひと音高く鳴らす。それが細男の舞の最後だった。闇の中に六人の白い姿が消えていくと満場の人びとは神秘感に打たれ、かわす言葉もなく見送っている。

　この「細男」の舞には千年以上の長い歴史がある。折口は細男を古代の海部《あまべ》の神、安曇磯良《あずみのいそら》につながりがあると見ている。神功皇后と安曇磯良の物語は折口の「文学と饗宴と」[四・251－252]、「上世日本の文学」[二三・381]、にとりあげられ、「太平記が伝える名高

い伝説」とのべている〔三・307-308〕。

神功皇后は新羅遠征にあたり日本中の神々を集めた。ところが海底に住んでいる阿度部《あどめ》（「安曇」の別称）磯良だけが応じなかった。神々が神楽をおこなって招くとやっと姿を現した。その時の磯良の顔にはさまざまな貝殻がはりつき、体や手足には海藻の中の虫がたかっているすさまじい姿だった。磯良は神功皇后に「私は大海原の底に長い間暮らしているうちに、こんな醜い姿になってしまいました」と挨拶を申しのべた。磯良はどの神よりも海流や航海のことをよく知っていた。竜宮から干珠と満珠の秘宝を借りてきた。干珠をかざせば海原の潮がひき、満珠をさし上げれば磯は寄せくる浪に大海となる。海底を支配する海人《あま》の神の力によって、神功皇后は新羅の国に渡ることができた〔三・308〕。

「八幡愚童記」甲本によると、「海の底からあがってきた安曇磯良は神々の前に出ると醜い顔を恥じ、浄衣の袖を解いて顔を覆い、首に鼓を掛け細男を舞った」という。ここで安曇磯良は春日若宮おん祭の細男舞につながってくる。

神秘にみちた細男の舞は世にも貴重な古典芸能の印象を残して、芝舞台から消えていった。

舞台は金春流の翁舞と三番三《さんばそう》の鈴の段、ついで舞楽となる。朝鮮、中国、インド、渤海国などから奈良時代に伝えられた仮面の舞で、よくも千数百年間大切に伝承され、今日も溌剌とおこなわれていることに驚く。おん祭のこの初冬の一夜はまさに古典芸能の正倉院といえよう。

十八日には若宮が還幸された後のお旅所で人びとは金春流の後宴能や、奉納相撲を楽しむ。この日をもって奈良県を代表する大祭は終了する。

1：社伝神楽の巫女　「進み歌」にあわせ、桧扇を胸にかざして芝舞台へあがる。
2：細男　白い浄衣の舞人が胸から下げた小鼓を打ち鳴らし、拝舞をする。
3：舞楽　緑色の装束の右舞。祝いごとに舞われる地久。
4：後宴能　12月18日に金春流によって舞われる。

年中行事

わが国には四季があり、季節のひとめぐりを暦の一年としている。常に日々を新しく迎え、切実な生活をしているが、過去とのつながりを立ち切れるものではない。そこに起きてくる不安な気持ちを消去するためには、昔からくりかえしおこなわれてきた年中行事を再体験することによって安らかな気分になる。折口信夫は年中行事を「生活の古典」とよんで重視している［二七・177・178］、［二九・179・188］。

二十世紀半ば頃まで農業国であったわが国の年中行事は四季の農作業にかかわる事柄が多く、それに長い間の宮廷や武士階級の生活が民衆の暮らしの中にしみこんで今日の年中行事が出来上がってきた。

正月

元旦から三日間を大正月《おおしょうがつ》といい、新しい月日を迎える。村の若者が年神に仮装して訪れてきたり（本書52－54頁）、神社で年神の神符を配布して自宅の年棚に祭る［三・11］、［四・469］。

小正月《こしょうがつ》は一月十五日で、その数日前から農家の中では豊作祈願の行事を家族でおこなっている。十五日の夕方には年神を空に送りかえす。村人は正月行事に飾った祭具を持ちより、積み重ねて燃やす。「左義長」、「とんど焼き」、「賽（塞）の神」の行事である。

1：注連縄《しめなわ》　正月には門戸に注連縄を張り、聖域であることを示して、年神を迎える。三重県伊勢市

2：鏡餅　地区ごとに銅鏡の形にした鏡餅を作り、寺に奉納した後、家毎に切りわけて配る［一七・66］。島根県松江市

3：やす　正月に門の柱にわらで作った円錐形の容器をかけ置き、米粒、小餅などを入れて正月の神や精霊を迎える［一七・168］。長野県長和町

4：丹生木《にふぎ》　正月に門口に薪を置き、年神を迎える燃料にする。平常の年には「十二月」、閏年には「十三月」と記す［一七・159］。長野県阿南町

5：漁家の年棚　法印が来て座敷に漁網の形を紙で作り、年棚に吊して、豊漁を祈祷する。宮城県南三陸町

6：若水迎え　元旦に年男が始めて新鮮な水を井戸から汲みあげる。若水は生命をよみがえらせる力があると信じられている［一七・89］。福島県いわき市

7：農家の年棚　座敷に神棚とは別に年棚を設ける。種籾の俵の上に祭壇を作り、年神を迎え豊作を祈る［三・11］。鳥取県南部町押田家

8：餅花とまゆ玉　正月15日の小正月を迎えるために年棚をこしらえ、稲のために餅花、まゆのためにまゆ玉をこしらえて飾る［二・239］。新潟県小千谷市

5

2

1

4

3

1：庭田植　正月７日頃、庭先を田圃と見なして、田植えのまねをして豊作を祈る。雪国では「雪中田植」という。青森県むつ市

2：七草　正月６日か７日に、春の七草を入れた粥を家族そろって食べる。また、まな板に七草を並べ、「唐土の鳥が渡らめ先に七草なずな……」と唱えて、田圃の鳥追いの呪術をする［一七・87］。山梨県忍野村

3：臼伏せ　小正月の頃、米粒の上に小餅を置いて臼で伏せ、一晩すごす。翌朝餅の裏の米粒の附着具合を見て、豊作かどうかを予測する。宮城県南三陸町

4：成木責め　小正月に庭の柿の木を大人がなたで打ちながら「成るか、成らぬか」と責めると、まわりの子どもたちが「成ります」と叫び、果樹の稔りを木に約束させる。折口は大人が神、子どもが精霊になっての問答の形と見ている［一・332］。宮城県仙台市

5：塞の神祭り　正月15日の夕方、門松はじめ正月の飾り物を集めて燃やし、年神を空に送る。塞の神、左義長、とんど焼きともいう［一七・348 - 353］。新潟県小千谷市

5

4

3

1：節分　春分の前日、柊の小枝に焼いた鰯の頭をつけて門口に立てる。柊の葉の棘と焼物の匂いで悪霊を祓う民間信仰［一七・372］。　奈良県奈良市

2：方相氏　平安時代の大晦日、4つ目の仮面をかぶった方相氏が鉾と楯を打ち合わせて悪霊を祓う。中国古代からの行事で、現代は平安神宮でおこなわれている［一七・80］。京都市左京区

3：田遊び　年の始めに全国でおこなわれている稲の豊作をねがう芸能、折口は2月13日におこなわれている東京赤塚の「田遊び」を記している［三・358］。　東京都板橋区

4：雛祭り　3月2日に母と娘が紙を折って雛人形を作り、3日は床の間に祭る。4日の夕方子どもたちが集めに来て、川に流す［一七・204］。　福島県三島町

5：春の農具市　3月12日の一宮神社の祭日に江戸時代からの農具市が立つ。竹、わら、木工品などの農具が山と積まれる。もとは農家の持参する用品の交換からはじまった。新潟県南魚沼市

2

二月

1

二月には旧暦（太陰太陽暦）時代の大晦日から正月への行事の名残が現在でも伝えられてある。立春の前日を節分という。二月三、四日頃にあたり、「鬼やらい」や「豆まき」の行事が全国でおこなわれている。鬼やらいの元は平安朝時代に宮中でおこなわれていた「方相氏《ほうそうし》」の行事で、古代の中国から伝えられ、現在では京都市の平安神宮でおこなわれている［一七・80］。

方相氏は四つ目の面をかぶり、右手に鉾、左手に楯を持って打合わせ、邪気を祓う。

節分から立春にかけて「田遊び」「春田打ち」の行事が全国でおこなわれている。真冬の田圃に稲わらをさし、田植えの真似をして豊作を祈る。折口は「田遊びの祭りの概念」［三・358-368］の中で、実地で見学している東京都板橋区赤塚の諏訪神社をとりあげ、「よねぼ」というわら人形の田の神や感染所作《かまけわざ》についてのべている［三・364］。

三月

「雛祭りのおこり」［一七・184-194］のはじめに折口は「上巳《じょうし》」の節句について書いている。上巳とは十二支の巳《み》の日が三月のはじめに来る日のことをいう。後にこの日を三月三日と定め雛祭りの日となった。女の子のいる家では紙の人形《ひとがた》を飾り、祭った後川や海に流した。紙の人形が立派な雛人形になると、飾られるようになったが、今も福島県三島町、鳥取市用瀬町や和歌山市加太の淡嶋神社では川や海へ流し、女性の厄除けとしている。

折口は春の彼岸の中日に深い関心を持っていた。この日、大阪市四天王寺では極楽浄土の方向をむいている西門のまん中に太陽の光がさしこんで来る。彼岸会の陽光を群衆が集まり浴びて「日想観」という仏教の教えになっている［一七・196］、（本書11頁）。

1：花見　満開の桜の花の下でにぎやかに囃し立て、花が長く咲いていることをねがう。それが秋の稲の豊作に通じる信仰行事になっている。長野県伊那市高遠町

2：やすらい祭り　桜の花の咲き散る頃、邪神があばれまわる。人びとは大きな花傘の中に入って、邪神を避けて過ごす［一七・216］。京都市北区

3：軒の菖蒲　5月5日の端午の節供の日には、軒を菖蒲の葉で葺く。葉が剣の形をして芳香があるので、邪悪な物をよせつけないという信仰が古代からある。京都市内

4：水口祭り　苗代田に稲の種蒔きをした後水口をツツジ、アヤメ、コデマリの花などで美しく飾り、田の神を迎える。愛知県大治町

四月

「花見」は野や山に咲く花を観賞するだけではなく、花卜《はなうら》といって、その年の春咲く桜の花を見て、一年の気象の予想や稲の豊凶を占う習俗である［一七・203］。もっと積極的に桜の花の下で歌い踊って満開の花の咲きぶりを励ます。

「やすらい花」というのは平安朝の頃の人は桜の花がゆっくりと咲き、静かに散っていくことを願っていた。「やすらへ、花よ」ととなえる言葉が折口信夫全集には幾たびも出てくる。この花の散りぎわに祟り神が暴れ回ると考えられていたのである。［二・393］、［一七・49］。

京都市北区今宮神社では四月第二日曜日に「やすらい花」の祭りがおこなわれ、邪神を送る行事が伝えられている。緋色の衣装に赤毛をかぶった鬼がふり鳴らす鉦の音に飛びはねまわる。その後から大きな風流傘が来る。大人も子どももしばし傘の中に入って邪神をさけようとする。

五月

アヤメとショウブは植物学上の分類では異なるそうだが、古代の文学や民俗行事では同類に扱われている。折口も「菖蒲」にアヤメと仮名をふっている［一七・238］。また端午の節供に菖蒲を使うのは中国から伝わったものであろうが、わが国の古俗でもあるとしている［一七・28］。五月五日には軒にショウブをさして邪気をふせぐ。

「水口祭り」は苗代田に稲の種を蒔いた日、その水口に田の神を迎えツツジ、アヤメ、コデマリなどの草花で美しく飾り、焼米や神酒を供える。秋の豊作を願うのである。折口は「水口に招き降ろした田の神は、秋の収穫後、復更に、此を喚び迎えこれまでの労を犒うて、来年までは騰って居て貰わねばならぬ」とものべている［三・73］。

昭和五十（一九七五）年頃から田植機の普及から、育苗は専門業者の作業となり、このささやかな美しい稲作儀礼は、全国の農村から失われた。

1

2

3

4

六月

広島県北部の中国山脈には「囃子田《はやしだ》」「牛供養」などとよばれる田植祭りがおこなわれている。

山県郡北広島町の壬生《みぶ》の花田植が最も大きく、六月第一日曜日には百人以上の者が田圃に入り、田の神を迎えておこなわれる。

はじめに金色の鞍をおいた牛が十頭以上も田圃に入り、牛飼が犁を使って田の代をかいて耕す。牛が引きあげると早乙女たちが田に入り、苗取りをする。早乙女たちは真新しい菅笠に、おそろいの絣の衣装で約七〇人ほどが田圃に横一列に並ぶ。その前にすりざさらを両手に持って指揮をとるのは「さんばい」とよばれる田植え作業と田植え歌の熟練者。最初にさんばいが声を張りあげて田植え歌の上の句の親歌を歌うと、早乙女たちが下の句の子歌を合唱しながら苗を植える。田植え歌は田の神迎えからはじまり、朝歌、昼歌、夕歌がある。さんばいの歌の選び方によって、田植えがどのくらい進んでいるのか、早乙女たちにわかるのである。早乙女の背後では大太鼓、小太鼓、笛、鉦の若者たちが田楽を奏する。

さんばいの指揮により、日暮れに田植えは終わる。折口はこのさんばいに注目して「田植ゑの時には、半神半人の意識を持って、盛んに囃し立てるのにつれて、早乙女の田植ゑがおこなわれてゐる」とのべている［一七・33］。

折口はまた、「さんばい」とは来臨する神で、田の持主の「田あるじ」と称する者は地霊にあたると見ていた［一九・167］。

1：牛の代かき　美しく飾った牛が田に入り、牛飼にしたがって犁を引きながら田の面を平にならしていく。　広島県北広島町

2：早乙女　新しい菅笠に紺絣の単衣を短く着て、帯をしめる。手に苗を持ち、田植え歌を歌いながら植えていく。

3：さんばい　両手に竹のささらを持って打ちならしながら朝歌、昼歌、夕歌の指揮をして、田植えを1日で終わらせる。

4：田植え　さんばいの指揮で1列に並んだ早乙女たちが田植え歌をうたいながら苗を田にさしていく［一三・275］。

七月

「虫送り」とは農家で稲の穂の出るころ、田に害虫がわかないようにと、虫除けの行事をする。わら人形の田の神をこしらえ、竿の先につけて鉦をたたきながら畦道をめぐる。その後から子どもたちが稲わらの松明で穂の上をはらって害虫を追い出していく。村境まで来ると、わら人形を焼いてしまう［三・313-317］。

暑くなると人間も疫病に悩まされる。それで神社ではチガヤで大きな輪を作って、その輪を三度くぐり夏越《なごし》の祓《はら》えをする。くぐる時は「水無月の夏越の祓する人は千とせの命延ぶというなり」の古歌を唱えると一層ききめがあるといわれている。古代人は茅をはじめ菅、麻の植物の葉には神秘的な力があって、罪、穢れを祓えると考えていた［一七・47］。

神社によっては「蘇民将来」とお札をつけた小さな茅の輪を出している。その茅の輪を門口に掛けておくと、夏に疫病にかからないという［一七・52］。

夏の禊《みそ》ぎの行事をするところが多い。全身を水につけて洗い流し、清めることである。折口は、河原や海の水で禊ぎをすることを述べている［二〇・207-231］。また「み」は「身」であるという解釈もある（日本民俗大辞典）。神社の境内の手水舎で、口をすすぎ手先を洗うものから、京都市左京区の下鴨神社では御手洗池《みたらしいけ》でひざまでつかって社前へと進む。落下する滝の水に打たれながら、祝詞や経文をとなえると、いっそう効果があると信じられる「滝行」もある。

1：虫送り　稲の害虫がわいてくる夏の初めに、田の神のわら人形を持って田圃をめぐり虫送りをする。最後に田の神をもやす［三・313-317］。　愛知県稲沢市祖父江町

2：茅の輪　6、7月におこなわれる「夏越の祓え」に、神社では「茅の輪」を作り、神官を先頭に参拝者は3度くぐり、疫病祓いをする［一七・47］。神奈川県寒川町

3：禊ぎ　夏に穢《けが》れた心身を川や海の水につかって清める。滝の清水に体を打たれると特に効果があるとされている。　神奈川県山北町

右：七夕　旧暦7月7日の夕方、冷泉家では「乞巧奠」の行事をおこなう。庭に星の座の祭壇をこしらえ、織姫と彦星に山海の幸を供える。雅楽の楽器も並べる。それより歌会をもよおす（写真は京都府立府民ホールで撮影）。［一七・27‐28］　京都市上京区

左：盂蘭盆会　長崎市では盂蘭盆会の夕べに、墓地にちょうちんの棚を作り、家族中でにぎやかに先祖迎えをする。山の斜面にできた盆の迎え火は見事な美しさである。長崎県長崎市茂木町［二・400-402］

八月

京都の平安朝時代から続いている和歌師範の冷泉《れいぜい》家では旧暦七月七日、南庭に「星の座」という祭壇をしつらえる。夕方からその前で和歌の上達を願う行事の「乞功奠《きっこうてん》」がおこなわれる〔一七・27‐28〕。星の座の供え物は「瓜、なすび、桃、梨、空《から》のさかずきに、ささげ、らんかず（油で揚げたそら豆）、むしあわび、鯛」と名をあげていく。それが七五調の和歌になっているのはさすがだ。星の座には古典楽器の琴や琵琶、五色の布や短冊なども加わる。

この夜は冷泉家では七夕の和歌を朗詠する披講や、天の川に見立てた白布をはさんで男性と女性が和歌を詠み交わす歌会がおこなわれる。

歌人であった折口信夫は平安朝時代の藤原俊成から続く鎌倉時代の冷泉家の祖、為相《ためすけ》をはじめ冷泉家歌人の作品を「新古今前後」のなかでとりあげ、くわしくのべている〔一三・9‐178〕。

東京とその周辺の地区では七月十五日に盆行事をするが、東北地方も関西も、ほとんどの地方は月おくれの八月十五日、沖縄県は旧暦七月十五日に行っている。折口信夫は「ほんとうのお盆のいはれ」の中で「夏が終わって秋がはじまらうとする、その行き合いの季節から新しい生活に入る」のが仏教以前の元の形だったとのべている［一七・367］。

4

2

3

1

6

5

1：盆の迎え火　盆に入る8月13日の夕方、墓地や門口で精霊迎えの火をたく。炎があがると子どもたちが「盆さん、盆さん、この明かりで来ておくれ」ととなえる［二・233］。長野県上田市真田町

2：盆棚　盆を迎える前日か、その朝に盆棚をこしらえて先祖や新仏を迎える。位牌をまつり、盆花や団子、水、季節の野菜、果物を供える［一七・68］。　長野県上田市真田町

3：餓鬼棚　盆の本棚は家の中にこしらえるが、餓鬼棚は戸外か縁側に設ける。亡霊や成仏出来ない死者をもてなす粗末な祭壇である。　長崎県五島市福江町

4：盆釜　盆の日に河原や山の辻などで飯を炊いてすごす行事。娘たちだけの行事もあるが、家族に親戚も集まって早朝にする。小豆島では柿の葉に餓鬼への飯をのせて釜のまわりに供え置く［二・248 - 249］。香川県小豆島町

5：盆踊り　盆踊りは、死んだ精霊を迎えて踊るとされているが、折口は「生者が外来魂を切替え、肉体に附加させる季節躍り」とものべている［二・246 - 252］。　岐阜県郡上市八幡町

6：柱松　盆の精霊送りには燈篭を川や海に流すものと、高い柱の上で、送り火をもやす方法がある。花脊松上げでは20メートルの燈篭木《とろぎ》の頂上に松明を投げあげて点火させる［二・234］。　京都市左京区

1：風鎮祭　鎌宮諏訪神社では二百十日前に、神社の境内にある神木のタブの木に２丁の鎌を打ちこみ、五穀豊穣、無病息災を願う。毎年打ちこまれて来た鎌が幹に姿をとどめている［一五・145］。　石川県中能登町

2：月見　旧暦８月15日夜の満月を迎えて鑑賞する習わしは日本人の暮らしの中に民間信仰となっている。月に秋の花や作物を供え生活の豊かなことを祈る気持になってきたことを折口はのべている［二一・230］。　鹿児島県南九州市知覧町

3：神嘗祭《かんなめさい》　伊勢の皇大神宮の神田で収穫した稲を神宮に奉納する行事で、10月15日から17日にかけておこなわれる。伊勢市民はお初穂をお木曳車に載せて伊勢音頭を歌いながら神宮へ運んでいく［二・424］。　三重県伊勢市

4：抜穂祭り　大山祇《おおやまずみ》神社では10月上旬に斎田の抜穂祭りをおこなう。16名の乙女が田に入り、稲の穂先だけを刈り取って神前に供える。折口のいう「穂祭り」にあたるものといえよう［二・395］。　愛媛県今治市

5：亥の子　西日本では10月から11月にかけて、亥の日の夜におこなわれる。子どもたちが丸石の四方八方に綱をつけ、綱を引いて石で地面を打つ行事。猪の多産になぞらえて、当年の収穫感謝と来年の豊作を願う。　大分県杵築市

4

3

九月

立春から二百十日目頃に大風が吹く。稲の開花期にあたり、農家は風祭りという風防ぎの行事をおこなう。北陸地方では乾燥した熱風のフェーン現象がおきる。その風を切るために木の幹に鎌をさし込んでおくまじないをする［一五・145］。

旧暦八月十五日を「十五夜」といい、昇る満月を迎えてお月見をする。月光のさしてくる縁側や庭先に棚を作っておく。折口はその花やススキを供える意味を、「日本美」の中でのべている［二一・230-231］。

1

2

十月

三重県伊勢の皇大神宮では十月十七日に神嘗《かんなめ》の祭りをおこなう。神宮の神田で収穫した稲を伊勢市民が「お初穂」の札をかかげて神宮に奉納する［二・424］、［三・176-178］。

大山祇《おおやまずみ》神社では、十月に斎田の稲が稔ると、乙女たちが穂先を刈り取って神社に供える抜穂祭《ぬきほまつり》りを催す［二・395］。

西日本では十月の亥の日に子どもたちが丸い石に綱をつけ、四方から引き上げ地面に落として亥の子づきの行事をする。折口は土地の精霊を圧服する行為として見ている［一七・73］。

5

1：案山子《かかし》あげ　11月10日の夕べに案山子を田から庭先に運び、餅や農作物を供える。長野県小海町［一七・32］。

2：十日夜《とおかんや》　11月10日の夜、子どもたちが農家の庭をまわり、わら鉄砲で地面をたたき悪霊を祓う。長野県小海町

3：11月23日は勤労感謝の日、東京の明治神宮には全国の農業組合から収穫物が奉納され、新嘗祭をする［三・174-180］。

4：あえのこと　石川県能登半島の農家では12月5日の夕方、田の神の夫婦を座敷に迎えて収穫感謝の行事をする［一七・97］。

5：煤払い　12月3日に家の内外の大掃除をする。折口は「正月神を迎える行事始め」としている福島県いわき市［一七・55］。

十一月

「刈り上げ祭り」では、長野県の農家で旧暦十月十日、今では十一月十日の夕べに田圃から案山子を庭先へ運んでおこなわれる。案山子は田の神と見なされ、豊作につくしてくれた労をねぎらう。その行事は「案山子《かかし》あげ」「十日夜《とおかんや》」ともよばれ、夜に子どもたちがわら鉄砲で地面を打って悪霊を祓い、農家をめぐる。

「新嘗《にいなめ》祭」は国民が新穀を氏神に供え、自分たちも食べて豊作を祝う祭り。十一月二十三日におこなわれ、今は「勤労感謝」の祝日になっている。東京の明治神宮には全国から農作物が献ぜられてくる［三・174-180］。

十二月

「あえのこと」は石川県の奥能登の行事で、十二月五日の夕方に、農家の主人が田の神を迎える儀式をする。座敷には米俵を二つ並べてすえ、収穫祝いの御馳走を置く。主人は座敷に田の神夫婦を迎えて着座すると、中啓（扇）を使って御馳走を田の神に説明して召しあがってもらう。「あえのこと」の儀式が終わると、お供え物を下げ、家族中でそろっていただく［一七・97］。

十二月十三日には、家屋の「煤《すす》払い」をして正月の最初の準備をする。家族そろっておこなう。家の中の神棚、仏壇の掃除からはじめ、家の外の軒下、門口へと至る。折口は煤払いは単なる掃除というよりは、家屋を祓い潔めて年神を迎える「室寿《むろほ》ぎ」の儀式であるとのべている。煤払いをすませると、一家は新玉の年を迎える準備に入る［一七・55］。

2

1

小説　身毒丸

［二七・82-98］

折口信夫は幼い頃、高安（現在は八尾市）から来た乳母に寝物語を聞かされて育った。その中のひとつに高安長者の子「俊徳丸」の物語がある（本書12頁）。折口は三十歳くらいになって、その寝物語が立派な古典文学や能、歌舞伎の芸能になっていることに関心を持つ。

どうして乳母の伝説から大人の文学や演劇に成長していったのか。その元にはどのような物語の原型があったのか。折口はその発想を、学問ではなしに自分なりの小説の世界で仕立てる実験をしてみた。その作品が「身毒丸」である。

小説の終わりに附言として次のようにのべている。「この話は、高安長者伝説から、宗教倫理の方便風な分子をとり去って、最原始的な物語にかえして書いたものなのです」。

小説「身毒丸」のあら筋をのべてみる。時代の設定は田楽法師が芸能をしながらめぐっていた鎌倉末期から南北朝にかけての頃である。

大阪住吉大社に所属する田楽座の美少年身毒丸は座長の父が業病になり、それが祖先から伝わっていることを知る。座長の父が田楽座から姿を消すと、身毒丸は一座の師匠源内法師に育てられる。旅先で長者の娘に恋をされ、源内師匠から芸の上達に差し支えると折檻を受ける。幾たびも経文を血書するが許してもらえず、「お前もやっぱり父の子か」といわれて家系を思う。その悲しみの中で身毒丸は田楽の編木《びんざさら》の音を聞きながら、「こうしてはいられない」という気持になって小説は終わっている。

3

1：住吉大社の御田植　毎年6月14日に住吉大社の神田でおこなわれる。御田で替植女《かえうえめ》の田植えが始まると、中央の舞台では八乙女による田舞がおこなわれる。大阪市住吉区

2：住吉踊り　神田のまわりで小坊主姿の女の子が住吉踊りをおこなう。

3：西金砂神社の高足　73年目ごとにおこなわれる祭礼の高足、紅白の布をまいた一本足に乗り、飛びはねまわる。茨城県常陸太田市

4：王子神社の田楽　田楽躍りには編木の役のほかに子魔帰《こまがえし》という神様役がでる。東京都北区

5：方形の美しい花笠をかぶった田楽躍りの稚児。

大正四（一九一五）年に発表された。田楽能については「盆踊りと祭屋台と」［二・241］の記述がある。

大阪住吉大社の田楽については「住吉松葉大記」（元禄年間に土師惟朝著、昭和九年皇学館大学出版部復刻）に詳しく、元禄年間に田楽座で編木、小刀、木脚の芸のおこなわれていたことが記されてある。明治時代に田楽は絶えていた。折口は「住吉松葉大記」を熟読していたのであろう。なお彼は大正五（一九一六）年に東京都北区王子神社の少年たちの田楽を見学したことを全集第三四巻掲載の日記（大正五年八月十四日）に三ページにわたってくわしく記されてある［三四・36-38］。

小説「身毒丸」の骨組みや時代設定は「住吉松葉大記」によったであろう。そして少年田楽師の芸能や風俗は折口が実際に見た王子田楽を参考にしたと思われる。

王子田楽は昭和十九（一九四四）年に中絶したが、熱心な地元の人たちで昭和五十八（一九八三）年に見事に復活した。

1

2

小説　死者の書

『死者の書』は折口信夫が釋迢空の筆名で心血をそそいで書き上げ、完結させた小説である。テーマになったのは万葉びとの飛鳥時代から仏教渡来の天平時代へと歴史が移り変わり、ゆれ動いていく世相の中の日本人の心といえよう。

歴史年表によると朱鳥元（六八六）年は動乱の年だった。九月九日に天武天皇が崩御された。翌十月三日に第三皇子の大津皇子が謀反の疑いで捕えられ、磐余《いわれ》の池の畔で死罪に服した。翌年の馬酔木《あせび》の花の咲く頃、柩は二上山の雄岳の山頂（高さ五一五メートル）に移葬された。その悲歌が万葉集巻二、三に記されてある。

大津皇子の墓は今も二上山頂にある。こんな高いところまで柩が運び上げられたのは、皇子の死後の霊魂で西方から大和によせ来る邪神を阻止するためだったという。

大津皇子は折口の小説では滋賀津彦の名で登場する。『死者の書』の書きだしは死後七十年以上たった天平宝字四（七六〇）年頃と設定されている。「彼《か》の人の眠りは徐《しず》かに覚めて行った」［二七・143］と、滋賀津彦が「よみがえり」をするところから始まる。折口にとって生命のよみがえりは終生のテーマであった。人はどのようにして蘇生するのか、彼は小説作品の中で実感として描写していく。暗い洞窟の中で「した、した、した」と垂れる水の音がまず耳に聞こえくるところから「おれは活きた」と叫び声を出す［二七・164］。

そこは二上山の中腹にある洞窟。現在たずねてみると、国の史跡になっている鹿谷《ろくたん》寺跡であり、奈良朝時代の十三重の石塔と岩窟が彫りこまれてある。また近くに岩屋がある。『死者の書』の岩屋はこれらの遺跡から発想を得たものだ。

滋賀津彦のよみがえった天平年間は藤原鎌足から四代目の豊成（七〇三―七六五）の時代になる。豊成は太刀を横たへに吊るして歩く伊達《だて》者で「横佩《よこはき》の

4

3

大将《だいしょう》」といわれ、右大臣にまで出世した人物である。豊成の第一嬢子は「藤原南家郎女《なんけいらつめ》」とよばれ、折口は「玉・水精の美しさ」と書いている［二七・182］。

姫は父豊成から「稱讃浄土佛攝受経《しょうさんじょうどぶっせつじゅきょう》」という阿弥陀経文をいただいた。唐の時代に西域、インドの大旅行をした僧玄奘《げんじょう》（六〇二―六六四）が中国語に翻訳したものだ。当時はこの唐のお経の本を豊成は太宰府で手に入れたが、まだ奈良の大寺院にもなかったという。

姫はそのお経を写経することになった。彼女は経文が読めるほどではなかったが、書き写していくだけで新鮮な仏教の功徳が身につくように思われたのである。

稱讃浄土佛攝受経は長いものではなかったので、天平宝字三（七五九）年の春分の日までに千部近く写経が出来上がっていた。

春分、秋分の日になると、町の娘たちは「日のお伴《とも》」といって、一日中太陽を追い喜々として歩く行事のあることを姫は知っていた。姫が西に向かう窓ぎわに正座して写経をしていると、二上山に落ちる日はにわかにくるめき、黄金に輝きだしたように見えた。折口の描写では「その二つの峰の間に、ありありと荘厳な人の俤《おもかげ》が、瞬間顕れて消えた」［二七・177］とある。「まざまざと見たお姿。此日本《やまと》の国の人とは思れぬ」というほどであった［二七・163］。

さらに半年後の秋の彼岸の中日に再び、二上山の男嶽・女嶽の間に俤人《おもかげびと》の髪、頭、肩、胸が浮かびあがって来るのを見た。写経によって受けた幸福感を姫は味わっていた。

そして翌年の春分の日を、一月も前から心躍りして待っていた。写経は千部目にとりついた。それな

1：鹿谷《ろくたん》寺跡　二上山雌岳の中腹にある。8世紀の奈良時代に作られた石窟寺院の跡。前庭の十三重多塔は岩場を掘り残して造成したもの。背後の石窟内には如来三尊坐像の線刻がある。『死者の書』の滋賀津彦がよみがえった洞窟とされている。

2：二上山雌岳にある古代の石窟寺の跡。中に線刻の仏像彫刻、鹿谷寺跡とともに『死者の書』の岩窟《いわむろ》とされている。

3：大津皇子の墓　二上山雄岳頂上にある円形の古墳。明治9（1876）年国によって定められた。

4：岳登り　毎年四月二十三日に里方の女人が二上山に山登りをする。春分の頃に太陽を追ってする古代信仰の「日の伴」「日祀り」の行事について折口は古代の信仰行事としている［二七・183］、［三二・23-24］。

1

2

3

のに、蔀《しとみ》窓の簾をあげて見ると、外は雨。姫は立っても坐《ゐ》ても居られぬ焦燥に悶え、雨の中に飛び出してしまった。

嵐の中を夜通し歩いて俤を追う姫は明け方に二上山麓の万法蔵院にたどりついた。山門をくぐり、堂、塔、伽藍の奥深く入ったところで寺奴に見つかった。女人結界を犯した者として、貴族の郎女は寺側に捕まり、二上山の北辺にある庵に押しこめられた。そこには見張りをする一人の老婆がいた。當麻の里の姥で、藤原南家の昔からの家柄をよく知っているようだった。中臣家といわれた先祖の時代には、二上山に聖なる泉の湧き口を見つけ、久しく天皇家にその霊水を差しあげてきたという。

姥は「聞いて見る気がおありかえ」といって、「神代の昔、天つ神々に弓を引いた罪ある天若日子《あめのわかひこ》」の神話時代を話りはじめた。その内容は、天若日子が刑死する直前に駆けつけて来た耳面刀自《みみものとじ》のことだった。ただ一目だったが忘れられない。天若日子は今ここでよみがえって、彼女の子孫の郎女に会いに行きたいと語る［二七・164］。當麻の姥には天若日子の霊がのりうつったのか、一人称になって語ってくる。それを姫はいつの時代のことかと思いながら聞いていた。藤原南家では神隠しにあったとする姫を探して夜が明けた。翌朝になって、万法蔵院の中に隔離されていることがわかった。

小昼の頃、藤原南家の家長老《いえおとな》の額田部子古が郎党を引きつれて姫を迎えに来た。寺側は貴族のお姫様であっても寺の浄域に入り、女人結界を犯したからにはその償いのすまないうちは渡せないという。「自らその罪を償う」と姫は語り、万法蔵院の中で写経をつづけることになった。彼岸に俤人のあらわれる山の麓にいるだけで、姫の心は静まってくるのである。

田植えの季節が終わり、村の娘たちは蓮の茎を刈り始めた。その束を庵の前に積んで、姫に見せた。娘たちは茎を日晒しにした後裂いて、績《う》み、藕糸《ぐうし》のまるがせにする。そして秋の彼岸に、姫は万法蔵院の山門で黄昏の中に阿弥陀仏の俤人を迎えた。肌、肩、胸と豊かな姿が見えたのに、どうしたことか顔ばかりがほの暗かった。山腹の雲は紫色になってた

なびき、日は沈んでいった。

その日から姫は高機をたて、藕糸で布を織りはじめた。

「此機を織りあげて、はやうあの素肌のおん身を、掩うてあげたい」［二七・247］と思う。

はた、はた、ゆら、ゆらと聞こえる姫の機の音、早く織り上げねば岩牀《いわとこ》の凍える冬が来る。

姫の織った藕糸の布は座敷を区切る壁代のような物になった。それを見た尼たちは、「紐をつけて肩の上でくくれば昼は衣になりましょう。夜は紐を解いて返しかぶれば衾《ふすま》にもなりまする」と教えてくれた。姫は奈良の家にある大唐から将来の絵具を取りよせた。藕糸の布の上に万法蔵院の堂、塔、伽藍を描きこみその中心に近々と見た俤人の尊者の姿を心にとめて描きだした。

まわりの人たちは姫の前に開かれる仏教界の幻の光景をただ見ているばかりである。姫の絵はそのまま曼荼羅となっていった。姫は曼荼羅を万法蔵院にのこして奈良へと去っていく。小説『死者の書』はそこで終わる。

仏教渡来と律令国家の大潮を浴びながら暮らしていく時代を、折口は『死者の書』の中でみせてくれる。「外来の習俗をとり込む場合は、必ずまづ固有の風習に類似点を見つけて結合する。其上で必ず一度は、其外来の形に近く、大きく模倣した新風が起こる。さうして時を経て、漸く元来の形に近づいて融合とも、混和とも言ふべき姿になる。此が外来文化のとり入れる際の謂はばありうちの姿なのである」と『年

1：當麻寺　東大門を入ると袴腰の鐘楼、その遠景に二上山が見える。左側に中之坊、その先には金堂、講堂、その奥に本堂の曼荼羅堂。推古 20 年に万法蔵院として創立、後に當麻寺と改称した。奈良県葛城市

2：當麻曼荼羅、内外陣が織りこめられ、内陣は弥陀三尊を中心に、前面の宝池では舞楽、背景には楼閣をめぐらしてある。中之坊所蔵

3：本堂、曼荼羅堂ともいう。大きな構えで、堂内には本尊の縦横 3.8 メートルの文亀曼荼羅（室町時代、国重文）の厨子がある。中将姫が織ったと伝えられる當麻曼荼羅（国宝）は秘蔵で 2 とは別のもの。

4：中将姫像　29 歳で尼になった中将姫の木像、霊宝館に展示。中之坊所蔵

5：中之坊本堂　中将姫が剃髪をしたところと伝えられ、剃髪堂ともいう。本尊の木造漆箔十一面観音像（重文）は平安時代の作で安置されてある。

6：染の井　當麻寺より北に 1 キロ、二上山麓の石光寺境内「染の井」は中将姫が曼荼羅を織った時、藕糸（蓮の糸）を染めたところとされている。

7：中将姫の墓　當麻寺より石光寺へむかう途中に十三重の塔の墓があり、中将姫の墓とされている。

中行事に見えた古代生活』〔一七・201〕に述べている。「藤原南家郎女」は、その生き方を論文よりも詩的小説で作品に仕上げているのだ。

伝説「中将姫」と當麻曼荼羅

『死者の書』の藤原南家郎女は鎌倉時代に出来た「當麻曼荼羅絵巻」の中の「中将姫」の物語として知られている。藤原豊成（七〇三―七六五）の娘で、三歳で生母と死別、七歳で継母に憎まれて家から追い出された。十七歳で出家をして中将法如となり、「稱讚浄土佛攝受経」一千巻を写経し、當麻寺に納めた。生身の阿弥陀仏を拝みたいと念じ、蓮の茎の糸で織った曼荼羅を當麻寺で作りあげた。二十八歳の時、當麻寺に阿弥陀如来が現れ、西方浄土へ迎えられたという。

當麻寺では五月十四日に、中将姫を極楽浄土に迎える二十五菩薩の練供養がおこなわれる。

中将姫の物語は能、浄瑠璃、歌舞伎の題材になって民衆のなかに生きている。

小説『死者の書』では、神話時代からの日本人の心に伝わっている在来信仰に異教の外来信仰が重

二上山の落日　秋分の日に雄岳と雌岳の真ん中に落日する日輪。

山越阿弥陀図　幕末の大和絵の画家冷泉為恭（文政元〈1823〉年－元治2〈1864〉）年の作品「山越阿弥陀図」大倉集古館蔵［三二・22］。

なって浮ばれてくる。さらに折口が民俗学で究めている「よみがえり」「他界からの来訪神」「語り部」そして南家郎女の出奔から曼荼羅完成までの「貴種流離譚」のテーマもふくまれていることを知る。

『死者の書』の出版

『死者の書』は月刊雑誌「日本評論」昭和十四（一九三九）年一月号に発表された。同誌二月号は『死者の書（正篇）』を、三月号には『死者の書（続篇）』を発表した。

単行本としては昭和十八（一九四三）年九月に青磁社から刊行。章段のさしかえがあり、全文に改訂をおこなっている。

昭和二十五（一九四七）年には角川書店から再刊した。巻末に「山越しの阿弥陀像」を付けてある。

折口信夫全集に収録された『死者の書』は青磁社、角川書店刊行のものによる。したがって、本書の『死者の書』も青磁社刊を元にして記載している。なお、本書では『死者の書』続篇（第一稿）『死者の書』続篇（第二稿）はとりあげていない。

當麻寺練供養　毎年5月14日におこなわれる。この日、本堂の曼荼羅堂は極楽堂とよばれ、娑婆堂まで長い橋がかかる。二十五菩薩は極楽堂から橋を渡って娑婆堂に中将姫を迎えに来る。中将姫は観音菩薩の捧げ持つ黄金色の蓮座に移される。生身の姫の魂が仏に迎えられたことになり、練供養の行列が極楽堂へもどっていく。その頃西の空は茜色に染まり夕陽が二上山へと沈んでいく。奈良県葛城市

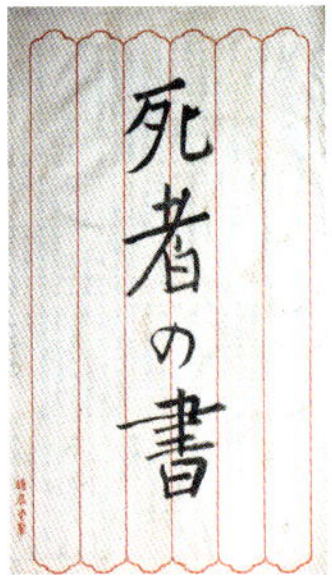

5

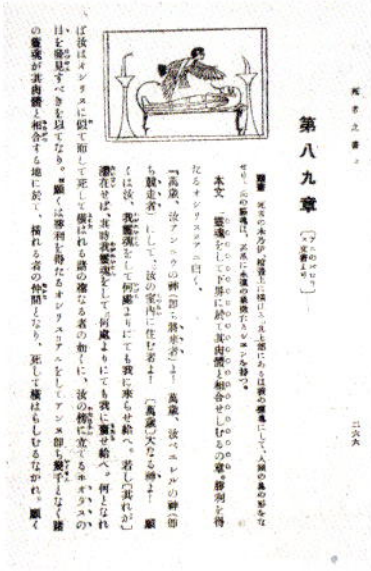

4

3

2

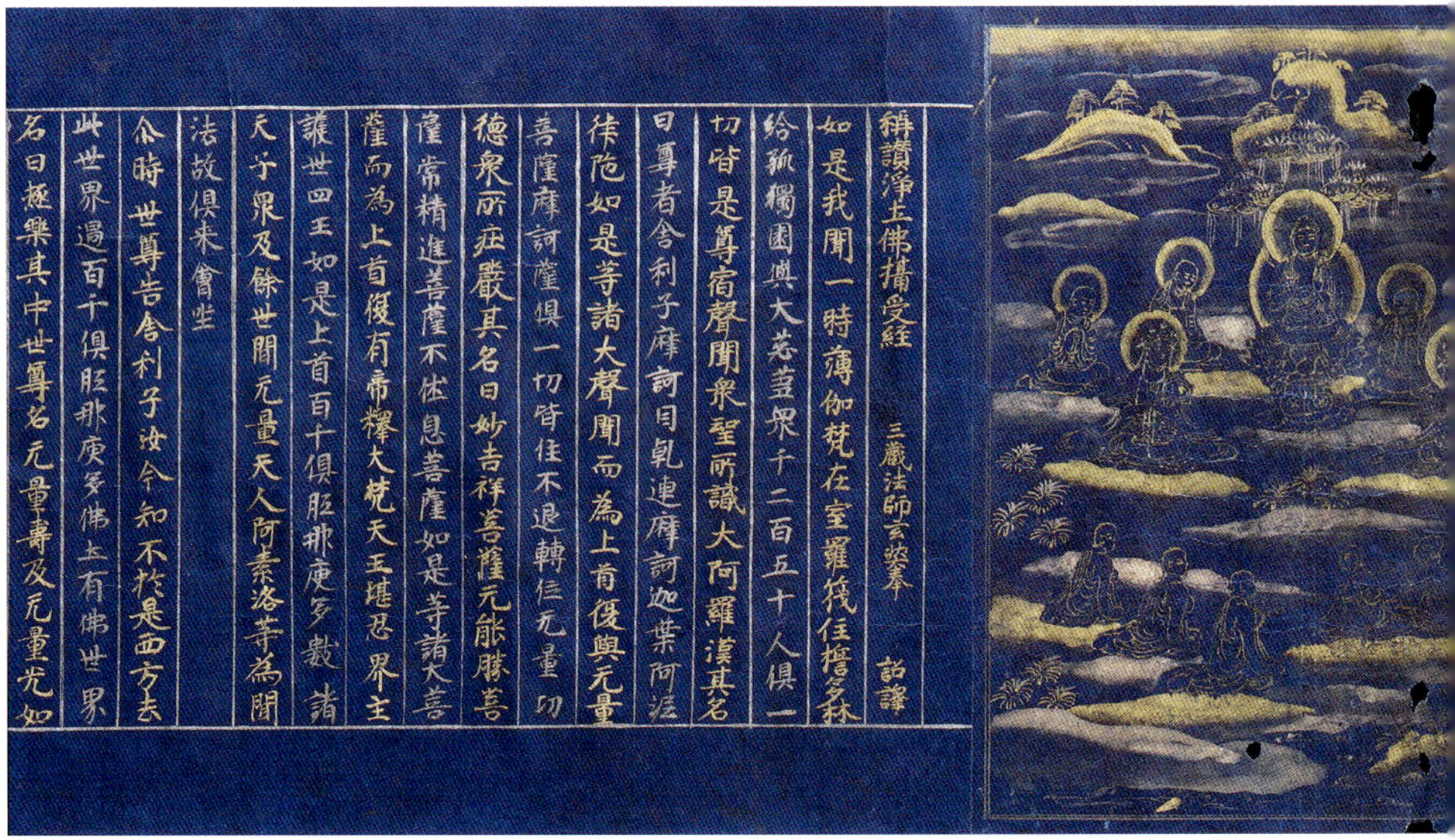

1

1：稱賛淨土佛攝受経　岩手県平泉町中尊寺に保管されてあった。稱賛淨土佛攝受経の経文＝東北大学附属図書館蔵

2：折口の「琉球の宗教」論文が掲載された『世界聖典外纂後輯第一五巻』の本扉。大正 12（1923）年刊、国立国会図書館蔵

3：『世界聖典全集前輯第一〇巻死者之書上』の本扉。大正 9（1920）年刊、国立国会図書館蔵

4：『世界聖典全集』に掲載の『死者之書』の田中達翻訳ページの第 89 章。国立国会図書館蔵

5：『死者の書』の文字　折口が装丁のために便箋に書いたもの。國學院大學蔵

稱讃淨土佛攝受経

中国の唐代の僧玄奘（六〇二―六六四）が西域からアフガニスタン、インドに入り、多数の経典を持ち帰った。その中の阿弥陀経の一つを玄奘は中国語に翻訳して「稱讃淨土佛攝受経」とした。その二百年前に中央アジア出身の僧鳩摩羅什《くまらじゅう》（三五〇―四〇九）の翻訳経文があるが、それより、くわしい。

稱讃淨土佛攝受経は奈良時代に阿弥陀経とともに日本に入り、写経され、全国にひろがっていった。東北大学所蔵の「稱讃淨土佛攝受経」は中尊寺にあった経典で、青地の紙に金銀の文字で書かれてある。

古代エジプトの『死者の書』

小説『死者の書』は古代エジプトのパピルスに書かれた『死者の書』と、どのようなつながりがあるのだろうか。

古代エジプトの『死者の書』は紀元前一五六七年から一三二〇年まであった新王国第十八王朝時代の文書である。

そのエジプト古代文字が一七九九年のロゼッタ石の発見により解明されてきた。一九〇一（明治三四）年には大英博物館のエジプト・アッシリア管理部長サー・A・E・ウォーレス・バッジが『アニの死者の書』をパピルスから解読した。アニという王室の書記が死後の世界を巡る案内書でエジプトの古代信仰の死後の世界の旅を記している。長さ二三メートルもある文書になっている。

その文書は大正九（一九二〇）年に、『世界聖典全集前輯第一〇、一一巻』として田中達が英文から『埃及死者之書上、下』として翻訳した。田中は明治学院、青山学院に学び、アメリカ・ハートフォルド神学校で比較宗教学の学位を得て帰国。青山学院で教鞭を取り、その年に歿した。

その時世界聖典全集の外纂に折口の『琉球の宗教』[二-48]が加えられたのである。そこで折口はエジプトの『死者之書』を読む機会を得た。その中で翻訳者田中はこの『死者の書』第八九章の挿絵につい

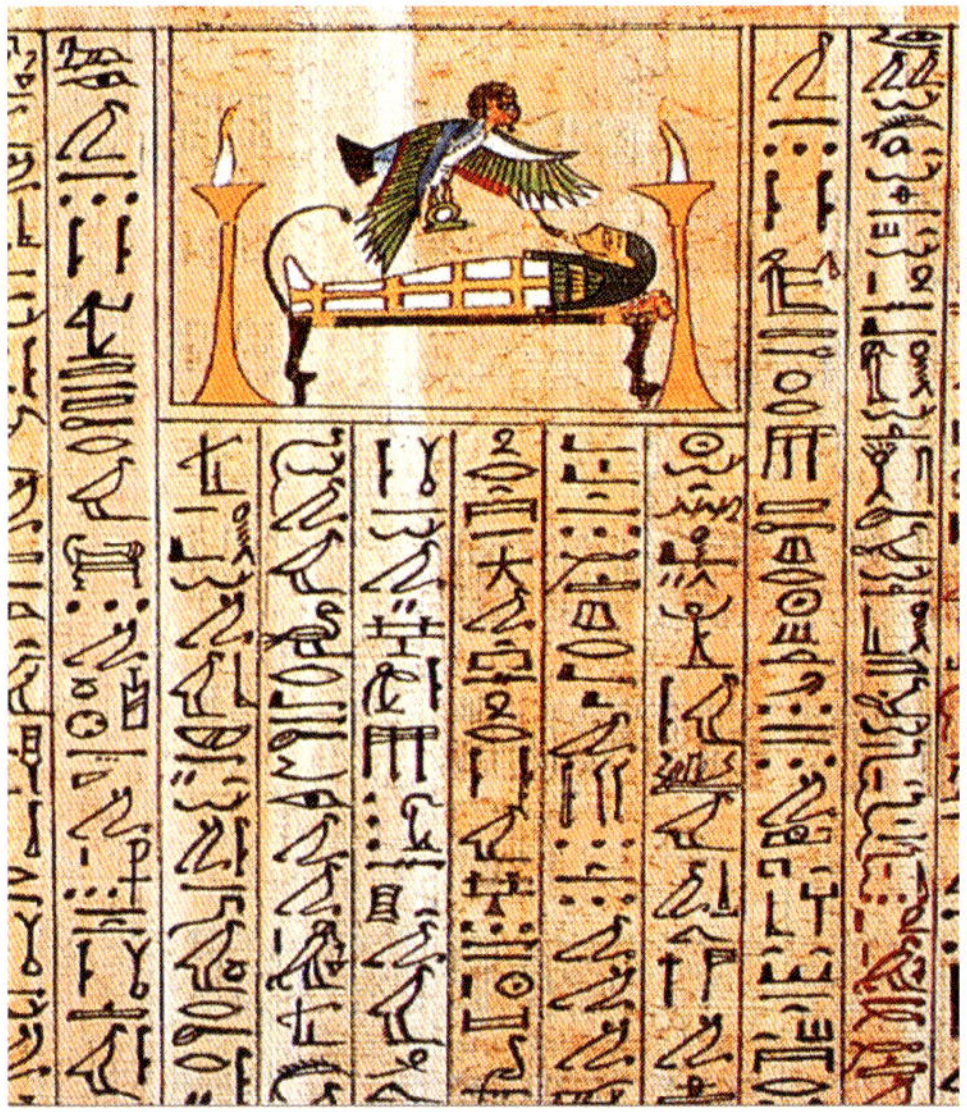

1：『死者の書』の本扉　折口が自ら装丁したもの。國學院大學蔵
2：『死者の書』のデザイン　折口が自ら装丁したもの。國學院大學蔵
3：古代エジプト『アニの死者の書』第89章の部分。ミイラの真上に霊魂の鳥バーがもどってきた図。カイロ、パピルス研究所復原図より、撮影：遠藤紀勝

て、つぎのようにのべている。

「死者のミイラ、棺蓋の上に横たはる。其の上にあるは彼の霊魂にして、人頭の鳥の形をなせり。鳥の霊魂は其の爪に永遠の象徴たるシエンを持つ」

「永遠の象徴たるシエン」とは一般には「アンク」とよばれている。折口はまず、「鳥が死者の霊魂を運ぶ」ことに共感を持ったであろう。

古代エジプトでは太陽神ラーを最高神とする多神教で、肉体が死んでも霊魂は死後の世界に生きていると信じていた。日本の古代になんと共通していたことか。折口は『死者の書』を読んで感動したにちがいない。昭和十二（一九三七）年に三首の歌を詠んでいる。そのうちの一首を記す。

「死者《ししゃ》の書《ふみ》」とどめし人のこころざし 遠いにしへも悲しかりけり［二四・477］

折口が釋迢空の名で小説『死者の書』を書きだしたのはその翌年の昭和十三（一九三八）年からであった。

大英博物館に収蔵されている『死者の書』は三千年以上昔のパピルスで、今日肉眼で見てもよくわからない。エジプトのカイロ・パピルス研究所では一九六五年頃からパピルスの繊維から紙を製作することに成功し、原画の復元をおこなっている。

日本の写真家遠藤紀勝は同所に通い、『アニの死者の書』の復原部分の全文を撮影することが出来た。第八九章では、ミイラになった死者の上に呪文によって鳥の姿になった精霊が生命のシンボルのアンクを持ってもどってきたよみがえりの挿絵である。折口は自著の『死者の書』のカットにしている。

折口は古代エジプトの信仰に深い関心を持つ前に、柳田国男からイギリスの社会人類学者J・G・フレイザー（一八五四—一九四一）の『金枝篇』を読むことをすすめられていた。大正七（一九一八）年には『金枝篇』の中から「穀物の神を殺す行事」を抄訳している［一九・351-365］。その当時から折口は日本の古代だけではなく、広く民間信仰に世界的な視点を求め始めていたのである。

國學院大學

開校の地

明治二十三（一八九〇）年、國學院大學は東京の飯田町五丁目に開校した。折口信夫は明治三十八（一九〇五）年に大學部予科に入学、四十三（一九一〇）年に卒業した。現在では千代田区飯田橋三丁目の地点に、折口が通った校舎の開校記念碑が建っている。

渋谷の國學院大學

折口は大正十（一九二一）年に國學院大學の教授となり、同大學は大正十二（一九二三）年に渋谷東四丁目の現在の地に移転した。そして大正十二年から慶應義塾大学文学部講師を兼ねることになる。

現在國學院大學を訪れると、校門の東側に学長であった芳賀矢一の胸像が立っている。そして脇に戦没学生兵慰霊の折口の歌碑がある。校舎のほとんどは改築され、折口当時の建物は残っていない。

4

折口の歿後、國學院大學の中に、折口博士記念古代研究所が設立され、折口関係の書籍資料、研究机などが置かれてあった。壁面には濱谷浩撮影の肖像写真、その下に村田勝四郎制作のブロンズ胸像が据えられていた。この研究所の資料は平成二十（二〇〇八）年に開館された伝統文化リサーチセンター資料館に移された。

折口関係の資料はその二階の「國學院大學の学術資産に見るモノと心」の中に展示されてある。國學院大學から輩出された多くの学者とともに並んで折口の一廓がある。著書『古代研究上・下』の初版本、『死者の書』の単行本、原稿、大阪歌舞伎役者のブロマイドなどが目をひく。

1

2

3

1：國學院大學開校の記念碑　明治23（1890）年に開校し、現在の東京都千代田区飯田橋三丁目の地点にある。折口は明治38（1905）年に入学した。東京都渋谷区

2：平成20（2008）年に國學院大學伝統文化リサーチセンター資料館が設立され、折口の資料はその二階の「学術資産に見るモノと心」の中に展示されてある。

3：芳賀矢一の胸像　國學院大學正門東側にある。国文学者、大正7（1916）年より國學院大學學長。折口の「口訳万葉集」を完成させた。

4：戦没学生兵慰霊の折口の歌碑　正門東側にある。「人おほくかえらざりけり　海やまに　みちてきこえし声もかそけし　迢空」染筆は前理事長松尾三郎。

叢隠居《そういんきょ》

隣接して、折口の箱根の山荘叢隠居の中の居間が実物とほぼ同じ大きさで再現されてある。昭和二十三（一九四八）年七月の午前中という設定で、國學院大學教授小川直之が構成した。卓上には折口が自著の装幀を楽しんだおりの絵筆やにぎり鋏などが置かれ、主人公いますが如くに思われる。

なお、現在の叢隠居は國學院大學の箱根寮として使用されている。

1：伝承資料館内にある箱根叢隠居内の一室、折口の著作していた様子が再現されてある。東京都渋谷区

2：國學院大學資料館内にある箱根叢隠居内の折口の机上、著作のおりの原稿、絵筆、眼鏡、にぎり鋏などがある。

3：資料館内にある折口信夫の展示資料。

4：昭和 14（1939）年に竣工した箱根の山荘叢隠居。神奈川県箱根町

5：叢隠居の内部、折口は右側の廊下に寝椅子を置き、湯上がりに休んでいた。

1：東京都中野区にある井上円了の建てた哲学堂の正門。
2：鑽仰軒跡の碑　哲学堂の門番小屋、折口は「鑽仰庵」とよび、大正6（1971）年6月から約4ヵ月間住んだその跡。
3：東京の大井出石町の折口家、椎の古木にかこまれた二階家だった。東京都品川区
4：折口家の表札、大井出石町5037番地。

哲学堂鑽仰軒《さんぎょうけん》

折口は大正三（一九一四）年、上京して本郷赤門前の昌平館に下宿した。後を追ってきた大阪天王寺中学時代の教え子が十名くらいいて、二年後には破綻にいたるが、昭和三（一九二八）年まで、十四年間に下宿や借屋を十一回引越している。

大正六（一九一七）年には宗教哲学者井上円了の哲学堂入口の門番小屋、「鑽仰軒」に住みこんだ。そこは当時は豊多摩郡野方村で、都心まで遠くて難儀をした。居眠りしながら道を歩くので、麦畑の中にころがりこむことが五、六回もあった。「自歌自註、海山のあひだ」の中には「大正六年鑽仰庵」と題した十三首があり、（二十五巻には十八首）、当時の生活ぶりがわかる［三一・75 - 83］。

現在では中野区哲学堂公園になっており、正門前の草むらに鑽仰軒を示す石碑が奇蹟のように残っている。

出石町《いづるいし》の折口家

折口信夫は昭和三（一九二八）年になって、東京府荏原郡大井町出石《いづるいし》（後の品川区大井出石町）に住むことになり、それが昭和二十八（一九五三）年九月までの終《つい》の住処《すみか》となった。

折口は古事記の中の「出石人《いづしびと》」や「出石処女《いづしをとめ》」のことを度々のべている［五・78 - 90］。それで「出石」と書く町名も親しめるものだった。

出石町の折口家に近づくと、椎の木が鬱蒼と茂り、その中に二階屋が見えてくる。門は閉まっており左の柱には「折口信夫」、右の柱には戦死した嗣子「折口春洋」の表札がかかっていた。訪れた者は脇のく

1：折口家の門を入って玄関までの小径。東京都品川区
2：折口家の門から中庭に入る木戸、その扉はめったに開くことはなかった。
3：山茶花の咲く中庭、折口が「私どもの庭にも古代がある」［一九・198］と語って楽しんでいた。飛石づたいのつきあたりの八畳間が折口の居間だった。

ぐり戸から中に入る。玄関まで約二十メートルほどの小径《こみち》で椎の古木のほかに柘植《つげ》や木斛《もっこく》などが生い茂っていた。左手は柴垣になっていて、中ほどに巨大な石の水鉢があった。玄関脇に庭に入る木戸があるが、扉はいつも閉まっていた。庭の中は七十坪ほどの広さで、梅の古木があった。そのまわりに沈丁花、葉蘭、山吹、萩などが植えられ、季節の風情を知らせていた。

この庭に面してある八畳間が折口家の居間だった。原稿執筆や食事はその部屋でした。階段をあがると、二階も二間で、八畳が客間、六畳が折口の寝室になっていた。折口が主宰している「鳥船」の歌の会の時には、この二間をぶっ続けて会員が集まった。

出石での生活には、昭和二十二（一九四七）年から七年間、岡野弘彦が心身ともに仕え、教えを受け折口を支えた。岡野のその著書『折口信夫の晩年』（中央公論社刊）にくわしい。

折口は昭和二十八（一九五三）年九月三日、胃癌により人生を終えた。享年六十七歳。葬儀はこの自宅で神式によっておこなわれた。納棺の折には古事記、祝詞、風土記、白文万葉集、源氏物語、日本全土の地図帳などが棺の中へ収められた。さながら古代エジプトの『死者の書』の如きではないか。それに特に一冊だけ製本を間にあわせた春洋遺稿歌集『鵠《たづ》が音《ね》』が加えられた（岡野弘彦著『折口信夫の晩年』281頁、中央公論社刊）。

昭和二十九年（一九五四）年三月、折口門下によりすべての整理を終え、住宅を家主の松山家に返還した。

町名が品川区西大井三丁目と変わり、五十年後の折口家のあたりは明るい集合住宅区になっている。もうあの木霊《こだま》の棲んでいそうな風情はどこにも見当たらない。

氣《け》多《た》大社と折口父子

石川県羽咋《はくい》市にある氣多大社は能登一の宮と称される古社。藤井春洋《はるみ》はその社家の次男として生まれた。大正十四（一九二五）年に國學院大學予科に入学、折口の主宰する歌の会「鳥船」に入会し折口にまみえた。

昭和二（一九二七）年、折口は能登半島を訪れ民俗調査をした。そのおり氣多大社に参り、はじめて春洋の生家を訪れている。

折口がこの旅で知ったのは、氣多大社の社叢をはじめ、能登半島の海岸に生い茂るたぶの林であった。たぶの木は折口の目には榊と同じ神々のよりつく木と見えた。折口はこの旅で歌十五首を詠んでいる［二四・278-283］。

氣多大社の社叢は「入らずの森」とよばれる神域で、三ヘクタールの広さの中にたぶの木はじめツバキ、シイ、クスノキ、カラタチなどの常緑広葉樹が密生し、樹齢百年をこえる木が林立している。

折口は古代の東アジア海辺の民が波濤を押しわけて能登半島に渡来し、浜辺の樹林のなかに社を建てて住み始めたことを想定する。たぶの木は高さ十メートル、直径一メートルになる大木で、古代から舟材にも適していたのである。

折口は翌年の昭和三（一九二八）年十二月に、再び能登を訪れ、藤井春洋を伴ってたぶの林を巡り、常世神の標著地の神木の印であることをのべている。またその時は春洋が写真を撮り、全集一、二、三巻の口絵に掲載されている［三・483］。この旅によって折口と春洋は古代への想いを一層深めたことであろう。

春洋は昭和三（一九二八）年から十八（一九四三）

年、金沢の連隊に応召されるまで出石の折口の家で折口とともに暮らした。昭和十九（一九四四）年七月、春洋は軍務にあったが折口は柳田國男、鈴木金太郎の二人を保証人として春洋を折口家の養嗣子に迎えた。その頃わが国は太平洋戦争に突入していた。春洋の戦争中の生活は彼の遺歌集「鵠《たづ》が音《ね》」の中の、折口が記した「追ひ書き」にくわしい［三一・323‐337］。

春洋は絶海の孤島硫黄島で軍務に尽くし、昭和二十（一九四五）年に、「二万の将兵の玉砕」といわれた戦死者の一人になった。

折口は昭和二十四（一九四九）年、能登羽咋の藤井家の墓地に、春洋の墓碑を建てた。

氣多大社の境内には折口父子の歌碑が昭和三十三（一九五八）年に建てられた。

けたのむら　わかば黒ずむときに来て
とおうなばらの　おとを　きき居り　　迢空

春畠に菜の葉荒びしほど過ぎて　おもかげに
師をさびしまむとす　　春洋

折口の歌は、昭和二（一九二七）年　氣多大社を訪れた時の作品である。

昭和四十（一九六五）年代になって、「照葉樹林」という東アジアの地帯が文化人類学の間で注目されるようになった。折口の神宿りたまう榊やたぶの大樹林帯がアジアの稲作の原型を宿していると見なされるようになった。数十年前の折口にそのインスピレーションが湧いていたことを知る。

1：能登一の宮氣多大社の拝殿。石川県羽咋市
2：氣多大社内の神木のたぶの木。
3：能登半島氣多大社のたぶの木。
4：氣多大社の境内にある折口父子の歌碑。

折口父子の墓　石川県羽咋市

能登は折口春洋が生まれ育った郷里、折口信夫は昭和二十四（一九四九）年に能登一の宮で選んだ正方形の墓石に碑文を記し、海に近い藤井家の墓地に建てた。

もつとも苦しき
たたかひに
最もくるしみ
死にたる
むかしの陸軍中尉
折口春洋
ならびにその
父
信夫
の墓

命日は九月三日、折口父子を慕い、学統を継ぐ門人たちが神木たぶの木の玉串を墓前に捧げて額ずく。なお春洋の命日は二月十七日に定められ、「南島忌」とよばれている。

羽咋市の藤井家の墓地にある折口父子の墓。

能登羽咋の海　石川県羽咋市